AI와 스타트업

인공지능총서

인공지능 시대입니다. 기계가 인간의 인지를 대신하고, 사물이 인간을 통하지 않고 다른 사물과 직접 커뮤니케이션합니다. 이에 따른 인간 삶과 문명 변화를 정확히 이해·예측·대응하는 것은 이 시대 우리 모두의 과제입니다. 인공지능총서는 인공지능 기술과 환경의 여러 주제를 10가지 키워드로 정리합니다. 관련 개념과 이론, 학계와 산업계의 쟁점, 우리 일상의 변화를 다룹니다. 인간과 기술의 현재, 미래를 세심히 분석합니다.

일러두기

- 인명, 작품명, 저서명, 개념어 등은 한글과 함께 괄호 안에 해당 국가의 원어를 병기했습니다.
- 외래어 표기는 현행 어문규정의 외래어표기법을 따랐습니다.

처음이세요?

전문가세요?

AI와 스타트업

김주희

대한민국, 서울, 커뮤니케이션북스, 2025

AI와 스타트업

지은이 김주희
펴낸이 박영률

초판 1쇄 펴낸날 2025년 6월 5일

커뮤니케이션북스(주)
출판 등록 2007년 8월 17일 제313-2007-000166호
02880 서울시 성북구 성북로 5-11
전화(02) 7474 001, 팩스(02) 736 5047
commbooks@commbooks.com
www.commbooks.com

ISBN 979-11-430-0230-3 03500

책값은 뒤표지에 표시되어 있습니다.

차례

AI 스타트업, 다음 시대를 설계하는 혁신가들

혁신은 단순히 기술의 개발이 아니다. 더 빠른 칩이나 더 선명한 화면, 더 많은 기능이 진정한 혁신을 만들어 내지는 않는다. 진짜 혁신은 인간의 삶을 다시 설계하고 사회 구조를 변화시키고 가치 체계까지도 바꿀 수 있는 것이다. 2007년, 스티브 잡스가 검은 셔츠를 입고 무대에 올라 작은 기계를 들어 올리며 "이것은 전화이자 음악 플레이어이며, 인터넷 브라우저입니다"라고 선언했을 때, 그는 단순히 새로운 제품을 소개한 것이 아니었다. 그 장면은 신인류의 출현을 알리는 신호탄이었다.

당시 아이폰에 쓰인 기술은 대부분 새로운 기술이 아니었다. 터치스크린은 이미 있었고, 모바일 인터넷도 낯선 개념이 아니었으며, 음악을 들을 수 있는 휴대 기기 또한 존재했다. 그러나 애플은 이 기술들을 유기적으로 통합하고, 사용자 경험이라는 새로운 질서를 부여함으로써 하나의 플랫폼으로서의 제품을 만들어 냈다. 중요한 것은 기술의 '유무'가 아니라 그것이 '어떻게' 결합되고, '무엇을 위해' 설계되었는가다. 아이폰은 그 질문에 대한 하나의 해답을 구현한 결과물이었다.

다시 말하지만, 아이폰의 출현은 단지 신제품의 출현이 아니었다. 행동 방식, 관계를 맺는 양상, 소비, 표현 방식 전체에 영향을 미친 커다란 사건이었다. 우리는 더 이상 사람들에게 길을 묻지 않고, 신문을 기다리지 않았으며, 우연한 만남에 의존하지 않게 되었다. 정보는 손끝에 있었고, 친구는 앱 속에 있었으며, 업무는 이동 중에도 계속된다. 그리고 그렇게, 우리는 '포노 사피엔스(Phono Sapiens)'라는 새로운 종으로 진화했다.

그리고 새로운 혁신의 물결을 만들어 내고 있는 존재인 AI는 지금, 웹이 처음 세상에 등장하고 스마트폰이 우리의 일상을 바꿔 놓았을 때처럼, 어쩌면 보다 엄청나게 클 수도 있는 영향력을 발휘하며 우리 삶 깊숙한 곳까지 파고들고 있다. 언뜻 보면 AI는 단순히 스마트 스피커나 챗봇을 통해 질문에 답하거나 자동으로 사진을 보정해 주는 기술이라고 생각할 수 있다. 그러나 AI가 미치는 영향력은 훨씬 깊고 넓다. 예를 들어, 이제 구직자들은 AI 멘토와 함께 인터뷰를 준비하고, 디자이너는 AI 도구를 통해 수십 가지 시안을 단 몇 초 만에 완성할 수 있다. 마케터는 타깃 고객의 감정을 예측하고, 개발자는 코드의 오류를 AI와 함께 실시간으로 점검한다. 2022년 오픈

AI(OpenAI)가 챗GPT(ChatGPT)를 선보인 이후 불과 2년 만에 전 세계 월간 사용자는 1억 명을 돌파했다. 이제 사람들은 생성형 AI를 통해 궁금한 것을 묻고, 글을 쓰고, 번역하고, 요약하는 일을 마치 검색을 하듯 자연스럽게 행하고 있다. 이처럼 사람들의 언어를 학습하며 이미지를 생성하고, 학습하고 판단하고 예측하는 존재로서 AI는 기술이자 도구인 동시에 새로운 주체로 떠오르고 있다.

AI가 등장하기 이전의 기술이 인간의 정보 처리 능력의 한계를 보완하는 측면에 중점을 두고 진화가 이루어졌다면, AI는 인간의 '인지 능력', 즉 생각하고 판단하고 상상하는 능력을 확장하고, 나아가 과거에는 상상조차 하기 어려웠던 방식으로 새로운 추론과 창의적 문제 해결의 가능성을 열어 가고 있다. 지금 AI는 교육, 예술, 과학, 행정 등 삶의 거의 모든 영역을 재설계하고 있다고 해도 과언이 아니다. 무엇을 '생각할 수 있는가', 그리고 '어떤 가능성을 실현할 수 있는가'에 대한 기준 자체가 바뀌고 있는 것이다.

하지만 이 책이 던지는 질문은 단순히 'AI는 무엇을 할 수 있는가'가 아니다. '스타트업은 왜, 어떻게 AI라는 기술을 통해 혁신을 만들어 내는가', 이것이 우리가 주목해야 할 진짜 문제다. AI가 스타트업에 중요한 기술이라는 논의는 이미 충분히 이루어졌다. 이 책은 오히려 그 반대의 관점에서 출발한다. 즉, AI라는 기술이 어떻게 스타트업이라는 실험적 조직을 통해 혁신이라는 구체적 결과물로 전환되는지를 추적하고자 한다. 스타트업은 기술을 해석하고, 문제를 재정의하며, 실행을 설계하는 존재다. AI 기술은 혼자서 혁신이 되지 않는다. 그것을 혁신으로 만드는 것은 혁신가들의 질문, 전략, 실천이다.

이 책은 이 같은 '스타트업 신(startup scene)'의 관점에서 출발한다. 단순히 '무엇을 했는가'보다 '왜 그렇게 했는가'를 묻는다. 창업자들의 질문, 좌절, 선택, 집요함이 어떻게 AI를 해답이 되는 기술로 만들고, 그 과정에서 혁신적이라 칭해지는 제품과 서비스가 탄생하게 되었는지를 살펴본다. 이런 과정은 AI 기술을 혁신으로 만드는 맥락을 이해하고자 하는 노력이라고 할 수 있다.

따라서 이 책에서 분석하는 'AI 스타트업'은 단순히 AI 기술을 활용해서 돈을 버는 기업을 의미하지 않는다. AI를 활용해 혹은 AI와 함께 문제를 보다 창의적으로 해결하는 스타트업을 지칭한다. 따라서 스타트업은 기술보다 먼저 '문제'를 다루는 존재로 이해해야 한다. 이들은 기존의 해법이 놓친 지점을 다시 바라보고, 아직 이름 붙

여지지 않은 문제를 붙잡으며, AI를 도구로 삼아 새로운 질서를 구성한다. 이들에게 AI는 그 자체로 답이 아니며, 방향도 아니다. 방향을 설정하는 것은 문제 정의이며, 실행 방식이며, 그것을 둘러싼 사회적 맥락이다.

이 책은 이러한 인식을 기반으로 AI 스타트업들을 다룬다. 각 분야의 스타트업 사례는 다음의 다섯 가지 구성 요소를 통해 분석한다.

- 설립 배경: 이 스타트업은 어떤 문제의식과 환경 속에서 탄생했는가?
- 창업자 스토리: 창업자의 경험과 철학은 기술을 어떻게 구체화했는가?
- 풀고자 한 문제: 이들이 정의한 문제는 무엇이며, 기존 해법과 무엇이 달랐는가?
- 핵심 가치와 비즈니스 모델: 어떤 전략으로 문제를 해결하고, 어떤 방식으로 가치를 창출하는가?
- 투자 유치 성과와 성장 전망: 이들은 시장으로부터 어떤 평가를 받았으며 앞으로의 전망은 어떠한가?

이 구성 요소를 통해 우리는 스타트업이 어떻게 문제를 재정의하고, 기술을 통해 그 해법을 구체화하며, 결과적으로 새로운 시장과 가치를 창출하는지 그 과정을 입체적으로 이해할 수 있다. 그리고 이 흐름이 AI와 결합될 때, 우리는 기존의 산업 구조와 사고방식이 어떻게 다시 쓰이고 있는지를 목격하게 된다.

책의 구성

이 책의 각 장은 AI 스타트업이라는 주제를 입체적으로 조명하고, 이를 둘러싼 다양한 맥락을 분석한다. AI는 단순한 기술이 아니라 문제를 재정의하고 기존의 사회 구조와 산업 질서를 재편하며, 새로운 가치를 창출하는 동력으로 이해되어야 한다. 이를 위해 AI를 기술로서, 생태계로서, 비즈니스로서, 그리고 궁극적으로는 혁신의 관점에서 분석하는 통합적 접근이 필요하다. 각 장은 이러한 논의를 혁신이라는 개념에서 시작해 AI 생태계에 대한 구조적 분석으로 확장하며, 실제 다양한 산업 현장에서 AI를 활용해 새로운 비즈니스와 서비스를 창출하고 있는 스타트업들을 면밀히 고찰한다. 이 이야기들을 통해 스타트업이 AI를 어떻게 구체적인 문제 해결에 적용하고 있으며, 그것이 시장과 사회에 어떤 변화를 일으키고 있는지를 깊이 이해할 수 있을 것이라 믿는다.

1장은 혁신의 DNA를 지닌 스타트업이 어떻게 새로운

기술, 특히 AI를 활용해 인류의 삶을 진보의 방향으로 이끌고 있는지를 다룬다. 이 장은 AI가 단순한 기술이 아닌, 혁신 창조자들에게 반짝이는 아이디어를 제공하고, 기존에는 풀 수 없었던 문제를 새롭게 해결할 수 있게 해주는 도구로 기능하고 있음을 설명한다. 이를 이해하기 위해 '혁신'이란 무엇인지에 대한 다양한 학문적 관점도 함께 조망하며, 스타트업과 AI가 교차하는 지점에서 발생하는 의미 있는 변화들을 다룬다.

2장에서는 AI를 기술과 서비스라는 두 개의 렌즈로 분석한다. 기술이 어떻게 플랫폼과 경험으로 변환되는지를 살펴보며, AI를 구성하는 생태계의 구조와 그 안에서 스타트업이 담당하는 역할을 제시한다.

3장은 AI가 창의적 파트너로 진화하는 과정을 산업 사례와 함께 조명한다. AI가 단순히 자동화의 도구가 아닌, 인간과 협력해 새로운 아이디어를 만들어 내는 동반자임을 입증하는 다양한 사례를 확인할 수 있다.

4장은 AI 스타트업의 비즈니스 모델과 전략을 구체적으로 설명한다. 이는 단순히 기업의 수익 구조나 서비스 설계 방식을 이해하는 것을 넘어, AI 스타트업의 생존, 성장, 그리고 지속적인 성공의 요소를 밝히는 작업이다. 특히 핵심 가치와 수익 모델은 스타트업이 시장에서 의미 있는 성과를 창출하고 투자자, 사용자, 파트너와의 신뢰를 구축하는 데 필수적인 기반이 된다. 따라서 이 장에서의 고찰은 AI 스타트업이 장기적으로 지속 가능한 가치를 창출하고 생태계 내에서 의미 있는 위치를 확보하기 위한 출발점이 된다. 수익 모델, 확장 전략, 파트너십 구성, 데이터 활용 방식 등 실천적 관점에서 AI 기반 사업의 설계 원리를 조명한다.

5장부터 9장까지는 각각 제조, 의료, 금융, 문화 콘텐츠, 보안 산업에 걸쳐 대표적인 스타트업 사례를 심층 분석한다. 이 장들은 AI가 산업별로 어떻게 문제를 정의하고, 어떤 방식으로 실행되고 있으며, 구체적으로 어떤 결과를 만들어 내고 있는지를 보여 주는 실제적인 장면으로 구성되어 있다. 특히 사례를 분석해 보면, AI가 산업 간 경계를 허물고 융합 속도를 획기적으로 높이고 있다는 사실을 발견할 수 있다. 예컨대 음악 산업에서는 음악 전문가가 아닌 금융 전문가가 데이터를 기반으로 새로운 유통 구조를 설계하고 수익 모델을 재편하는 사례가 등장하고 있다. 이는 기술이 특정 영역의 전문성보다 더 강력한 혁신 동력이 될 수도 있음을 보여 주는 사례다. 또한 높은 성과를 거둔 AI 스타트업들의 창업자들은 대부분 이전 직장, 학교, 혹은 공동 프로젝트를 통해 긴밀하게 연결된 네트워크 안에 있었다는 점도 주목할 만하다. 이들은 문제 인식과 통찰을 공유하며, 독창적이고 실현 가능한 비즈니스 모델을 함께 구체화했다. 결국 AI 기반 혁신은 기술 자체만으로 이루어지는 것이 아니라, 다양한 분야 간 융합과 견고한 인간 관계망 속에서 비로소 실질적인 영향력을 발휘하고 있는 것이다.

마지막 10장은 전체 흐름을 종합하며, 우리가 던져야 할 근본적인 질문을 다시 고찰한다. 이 장은 단지 요약이 아니라, 혁신의 본질이 어디서 시작되는지, 그리고 다음 세대를 준비하는 조직과 개인은 어떤 관점으로 기술을 바라보아야 하는지를 되묻는 성찰의 장이다.

이 책은 AI라는 기술이 스타트업이라는 실험 구조 속에서 어떻게 해석되고, 구현되며, 확장되는지를 따라가는 여정이다. AI 자체를 설명하려는 기술서가 아니다. 앞서 살펴본 것처럼, AI 스타트업은 기술 그 자체보다는 그것이 사람과 시장, 문제 해결 방식 속에서 어떻게 작동하는지를 보여 주는 렌즈에 가깝다. 오히려 AI라는 기술이 어떻게 일상을 다시 쓰고 있는지를 보여 주는 관찰 기록이자, 그 기술을 손에 쥔 사람들이 어떤 방식으로 문제를 정의하고 가치를 만들어 내고 있는지를 따라가는 여정이라 할 수 있다. AI를 이해하는 것보다 중요한 것은 그것이 '어떻게' 문제를 풀고 있는지를 이해하는 일이다. 그리고 그 실험의 현장에 바로 스타트업이 있다.

스타트업은 작지만 본질적인 질문에서 출발한다. 아직 해답이 없는 문제를 붙잡고, 기존의 틀을 뒤흔들면서 새로운 해법을 모색한다. AI는 그 여정에 속도를 붙여 주고, 가능성의 폭을 넓혀 준다. 이 책에 담긴 사례들은 그러한 여정의 한 장면을 보여 준다. 혁신이라는 말이 추상적으로 느껴질 때, 이 책 속 이야기들이 그것을 다시 구체적이고 생생한 질문으로 바꾸어 주기를 바란다. 그리고 이 기록이 앞으로 또 다른 창업자와 실험가들에게 작지만 단단한 방향이 되기를 기대한다.

참고문헌

최재붕(2024). 『AI 사피엔스: 전혀 다른 세상의 인류』. 쌤앤파커스.

Chattopadhyay, S., et al.(2025). Free range startups? Market scope, academic founders, and the role of general knowledge in AI. *Strategic Management Journal, 46*(4), pp.1027-1079.

Heller, D. & Asam, D.(2024). Generative AI and firm-level productivity: Evidence from startup funding dynamics. SSRN 4877505.

01
스타트업과 AI의 만남

AI는 이제 더 이상 거대 기업의 전유물이 아니다. 창의성과 민첩성을 지닌 스타트업들이 AI를 무기로 산업의 판도를 뒤흔들 기회를 엿보고 있다. 변화의 속도가 그 어느 때보다 빠른 시장 환경 속에서, AI는 스타트업에게 단순한 기술을 넘어서는 생존 전략이자 성장의 촉매제로서의 의미가 점점 커지고 있다. 이 장에서는 스타트업이 AI를 활용해 새로운 가치를 창출하고, 전통 산업의 경계를 허물며, 사회적 문제에 혁신적인 해답을 제시할 길을 어떻게 모색할 수 있을지 살펴본다.

AI와 1인 창업?

스타트업과 혁신

스타트업 생태계를 이끄는 창업자들은 흔히 혁신을 설계하거나 창조하는 사람들로 불린다. 혁신가들, 그리고 스타트업 창업자들은 일상에서 마주하는 문제를 주목하고, 이를 해결하는 과정 속에서 새로운 도구와 기술을 창출하며, 그것을 궁극적으로 혁신으로 연결해 왔다. 이러한 맥락에서 도구와 기술의 발전, 그리고 혁신의 개념은 단순히 기술적 진보를 넘어, 인간의 문제 해결 과정과 그로부터 파생되는 사회적 변화로 이해될 수 있다.

기술과 혁신은 어떻게 다른가

이처럼 신기술이 등장할 때마다 사람들은 그것이 곧 혁신으로 이어졌다고, 혹은 이어질 것이라고 기대하곤 한다. 그러나 기술의 발명이 곧바로 혁신을 의미하는 것은 아니다. 기술은 새로운 것의 발명(invention)을 통해 등장하고, 이후 상업화(commercialization)의 과정을 거쳐 비로소 혁신(innovation)으로 전환된다. 이후 혁신은 모방(imitation)을 통해 사회 전반으로 확산되며 구조적인 변화를 일으킨다.

혁신의 어원은 라틴어 'innovare'에서 비롯되며, '안에서(in)'와 '새로운(novus)'이 결합된 형태로, '안으로부터 새롭게 하다'는 의미를 지닌다. 혁신은 무에서 유를 창조하거나 단순히 기술을 개발하는 것을 넘어, 기존의 것을 갱신하고 재구성하는 과정을 포함한다.

일찍이 오스트리아 · 헝가리 출신의 경제학자 조지프 슘페터(Joseph Schumpeter)는 기술 진보와 혁신을 구분해 설명했다. 그는 동력원이 말(horse)에서 증기 기관(engine)으로 전환되는 것이 기술 진보라면, 역마차 사업이 철도 사업으로 대체되는 것이 혁신이라고 보았다. 다시 말해, 기술 자체보다는 그 기술이 사회와 산업 구조를 변화시키는 방식이 진정한 혁신의 본질이라는 것이다.

이처럼 혁신은 아이디어나 기술 개발에 국한되지 않고, 기존의 사고방식을 뛰어넘어 새로운 가치를 창출하는 것을 의미한다. 오늘날 기업과 산업이 지속적으로 성장하고 변화하기 위해서는 혁신이 필수 요소로 작용하며, 특히 스타트업 생태계에서는 혁신이 곧 기업의 존재 이유이자 핵심 경쟁력이 된다. 흥미로운 점은 혁신이라는 개념이 사회, 경제, 비즈니스, 기술 등 다양한 분야에서 각기 다른 방식으로 정의된다는 것이다. 또한 그 중요성은 맥락에 따라 달라질 수 있다.

먼저 기술적 관점에서 혁신을 살펴보면, 혁신은 새로

운 기술의 개발 또는 기존 기술의 개선을 통해 효율성과 편의성을 증대하는 것을 의미한다. 과학과 공학의 발전을 토대로 삶을 더욱 편리하게 만들고, 생산성을 향상하는 것이 핵심이다. 이러한 기술 혁신은 주로 연구소, 대학, 기업의 연구 개발(R&D) 부서에서 이루어지며, 스마트폰, 전기차, 인공지능(AI) 등의 첨단 기술이 대표적인 사례다. 예를 들면, 전기차는 내연 기관을 대체하는 친환경 기술로서 배터리 성능 향상과 AI 기반 자율 주행 기술의 진보를 통해 주목받고 있다.

하지만 새로운 기술이 개발되었다고 해서 곧바로 사회에 수용되는 것은 아니다. 기술 혁신은 단순한 아이디어가 아니라 실제로 개발되고 적용되어 경제적 가치와 사회적 변화를 이끌어 내는 것에 의미가 있기 때문에 성공적인 기술 혁신은 R&D에 머무르지 않고, 실질적인 활용과 확산으로 이어져야 한다.

둘째, 경제적 관점에서 혁신은 새로운 아이디어나 기술을 활용해 경제적 가치를 창출하는 일련의 활동, 구체적으로 제품 개발, 생산 방식 개선, 유통 구조 혁신 등을 포함하는 과정을 의미한다. 이는 새로운 제품 개발뿐 아니라 보다 효율적인 생산 방식의 도입과 새로운 시장의 개척 등을 포함한다. 예를 들어, 스마트폰은 단순한 통신 기기를 넘어 다양한 모바일 앱을 통해 음식 배달, 교통, 금융 서비스 등 새로운 경제 활동을 가능하게 했다.

슘페터는 혁신을 경제 성장의 핵심 동력으로 보고 창조적 파괴(creative destruction) 개념을 통해 기존 질서를 새로운 기술이 대체하면서 경제가 발전한다고 설명했다. 클레이턴 크리스텐슨(Clayton Christensen)은 파괴적 혁신(disruptive innovation) 개념을 제시하며, 단순한 기술 개발을 넘어 변화하는 시장 환경을 인식하고 대응하는 능력이 새로운 시장을 창출한다고 설명했다.

셋째, 비즈니스 관점에서 혁신은 제품이나 서비스 자체의 변화에 국한되지 않으며, 기업이 고객과 관계를 맺고 수익을 창출하며 운영 방식을 개선하는 전반적인 구조의 혁신을 포함한다. 마이클 포터(Michael Porter)는 기업이 단순한 가격 경쟁을 넘어서 차별화된 가치와 독창적인 고객 경험을 제공할 때 지속 가능한 경쟁력을 확보할 수 있다고 보았다. 스타벅스(Starbucks)는 단순한 커피 판매를 넘어 고객이 머무를 수 있는 공간과 경험을 제공함으로써 비즈니스 혁신을 실현한 대표적 사례다. 모바일 앱과 멤버십 제도 등 디지털 기술을 통해 고객 충성도를 강화한 점도 주목할 만하다.

라파엘 아미트(Raphael Amit)와 크리스토프 조트

(Christoph Zott)는 비즈니스 모델 혁신을 통해 기업이 '가치 창출(value creation)', '가치 전달(value delivery)', '가치 포착(value capture)'을 어떻게 수행하는지가 경쟁력의 핵심이라고 보았다(Amit & Zott, 2001). 아마존(Amazon)은 온라인 플랫폼을 통해 기존 유통 방식을 탈피하고, 물류 혁신과 인공지능 추천 시스템을 활용해 고객 맞춤형 서비스를 제공함으로써 네트워크 효과를 극대화하고 시장을 지속적으로 확장하고 있다.

마지막으로, 사회적 관점에서의 혁신은 단순히 기술 발전이나 경제적 가치 창출을 넘어, 사람들의 삶과 사회 구조에 긍정적인 영향을 미치는 근본적인 변화를 의미한다. 이러한 사회적 혁신은 정부, 공공 기관, 기업, 시민 사회, 비영리 단체 등 다양한 주체의 협력을 통해 이루어진다. 대표적인 사례인 공유 경제(sharing economy)는 자원의 효율적 활용을 통해 우버(Uber), 에어비앤비(Airbnb)와 같은 플랫폼을 중심으로 새로운 경제적 기회를 창출하고 소비문화를 변화시켰다.

사회 혁신 연구자 제프 멀건(Geoff Mulgan)은 사회적 혁신을 사람들의 삶을 실질적으로 개선하는 근본적인 변화로 정의하며, 정부, 기업, 시민 사회 간의 협력이 핵심이라고 강조했다. 로빈 머리(Robin Murray)와 줄리

칼리어그리스(Julie Caulier-Grice) 또한 사회적 혁신이 기존 시스템의 단순한 개선을 넘어 새로운 시스템을 창출할 수 있다고 주장한다(Murray et al., 2010). 결론적으로 사회적 혁신이 성공했다는 것은 기술이나 아이디어가 실제로 사람들의 삶을 변화시키고 사회적 가치를 실현했을 때라고 할 수 있다.

혁신의 창조자와 AI의 만남

지금까지 살펴본 것처럼 혁신은 단순히 새로운 아이디어나 기술의 등장에 그치지 않고, 실제로 구현되어 시장에서 가치를 창출할 때 의미를 지닌다. 이를 가장 효과적으로 실현할 수 있는 주체는 스타트업이다. 스타트업은 대기업과 달리 기존의 틀에 얽매이지 않고, 새로운 기술과 비즈니스 모델을 신속하게 실험하며 과감한 도전을 통해 변화를 만들어 낸다. 이처럼 스타트업이 아이디어를 빠르게 실행하고, 고객 반응을 기반으로 서비스를 개선해 가는 접근 방식을 '린 스타트업(lean startup)'이라 한다. 이는 자원이 한정된 상황에서도 빠르게 검증하고 수정해 나가는 전략으로, 초기 아이디어가 완벽하지 않더라도 고객의 반응을 통해 진짜 가치를 찾아가는 과정을 중시한다.

이 접근법을 충실히 따른 대표적 사례가 인스타그램(Instagram)이다. 인스타그램의 창업자 케빈 시스트롬(Kevin Systrom)과 마이크 크리거(Mike Krieger)는 원래 '버븐(Burbn)'이라는 위치 기반 애플리케이션을 개발했으나, 사용자 데이터를 분석한 결과 사진 공유 기능에 대한 반응이 가장 높다는 사실을 발견했다. 이후 이들은 과감하게 다른 기능들을 제거하고 사진 공유와 필터 기능에 집중한 인스타그램을 출시했다. 그 결과는 폭발적이었다. 출시 하루 만에 2만5000명이 가입했고, 2개월 만에 100만 명, 1년 만에 1000만 명을 돌파하며 성장했다. 2012년에는 페이스북(Facebook)에 10억 달러에 인수되었다. 이 사례는 스타트업이 처음부터 완벽한 제품을 만들 필요는 없으며, 고객이 실제로 원하는 가치를 빠르게 찾아 집중하는 것이 얼마나 중요한지를 잘 보여 준다.

그렇다면 인공지능(AI)이라는 신기술은 이러한 혁신의 DNA를 지닌 스타트업에게 어떤 의미를 지니는가? AI는 단순한 기술을 넘어, 스타트업이 핵심 가치를 재창조하고 고객 중심의 혁신을 실현하는 데 중심적인 역할을 한다. 방대한 데이터를 분석해 시장 전략을 수립하고, 자동화를 통해 개발과 운영 효율성을 높이며, 맞춤형 서비스를 제공할 수 있도록 지원하는 AI는 스타트업의 혁신을 가속화하는 강력한 도구다. 그러나 AI 기술의 발전 속도와 방향은 매우 빠르고 예측하기 어려우므로, 스타트업에게는 기회인 동시에 도전 과제가 되기도 한다.

AI가 스타트업에게 제공하는 기회와 위기: 작은 기업이 혁신을 주도하는 방법

AI는 스타트업에게 단순한 자동화 도구가 아니다. 빠른 성장을 가능하게 하는 혁신의 원천이자 전략적 자산이다. 특히 스타트업은 클라우드 기반 인공지능 플랫폼, 예를 들어 구글 클라우드 AI(Google Cloud AI), 아마존 웹 서비스 AI(AWS AI), 오픈AI API(OpenAI API) 등과 오픈 소스 생태계를 활용해 초기 자본 없이도 첨단 기술을 신속하게 적용할 수 있다. AI 기반 소프트웨어 기반 서비스(Software-as-a-Service: SaaS) 설루션을 활용하면 빠른 제품 개발과 시장 진입이 가능하며, 반복적인 작업의 자동화를 통해 자원을 효율적으로 사용할 수 있다. AI는 또한 고객 맞춤형 서비스 제공에도 효과적이다. 예를 들어, 헬스케어 스타트업 '조(Zoe)'는 식습관과 건강 데이터를 분석해 맞춤형 영양 설루션을 제공하고, 넷플릭스(Netflix)는 추천 알고리즘을 통해 개인화된 사용자 경험을 구현하고 있다.

이러한 맞춤형 서비스뿐만 아니라 인공지능은 창의적 산업 영역에서도 스타트업에게 새로운 기회를 제공한다. 예를 들어, 콘텐츠 제작, 음악 작곡, 영상 편집 분야에서 AI 기술은 생산성을 향상하고 창작 방식에 혁신을 가져오고 있다. 미드저니(Midjourney)는 AI 기반 이미지 생성 기술을 통해 디자이너 없이도 시각적 콘텐츠를 제작할 수 있도록 한다. 이런 기술적 가능성과 사례를 종합해 볼 때, AI는 단순한 운영 도구를 넘어 새로운 시장을 창출하고 기존 시장의 질서를 재편하는 데 핵심적인 역할을 한다.

그러나 AI는 스타트업에 기회를 제공하지만, 동시에 극복해야 할 과제도 존재한다. 스타트업은 자본, 데이터, 인프라 측면에서 대기업보다 불리한 위치에 있으며, 이는 사업 성장의 제약이 될 수 있다. 2023년 미국의 민간 AI 투자액은 672억 달러로, 대부분이 구글, 아마존, 마이크로소프트, 메타 같은 대형 기술 기업에 집중되었다. 이로 인해 연구 인프라, 데이터 접근성, 클라우드 역량에서 스타트업과의 격차는 확대되고 있다.

또한 AI가 더 많은 결정을 내리는 구조로 변화하면서 윤리와 규제에 대한 부담도 증가하고 있다. 편향된 데이터는 불공정한 판단을 초래할 수 있으며, 이를 방지하기 위해 설명 가능한 AI, 데이터 검증 체계와 윤리 기준이 필요하다. 또한 생성형 AI의 확산은 저작권 문제도 야기하고 있다. 기존 콘텐츠를 학습한 결과물의 소유권에 대한 법적 논의가 활발하며, 스타트업은 학습 데이터의 출처를 명확히 하고 원저작자의 권리를 보호할 방안을 마련해야 한다. 인공지능은 단순한 기술을 넘어 전략적 자산이며, 이를 윤리적이고 지속 가능한 방식으로 활용하는 것이 스타트업 성공의 핵심이다.

참고문헌

Amit, R. & Zott, C.(2001). Value creation in e-business. *Strategic Management Journal, 22*(6-7), pp.493-520, https://doi.org/10.1002/smj.187

Christensen, C. M.(1997). *The innovator's dilemma: When new technologies cause great firms to fail.* Harvard Business School Press.

Kurzweil, R.(2005). *The singularity is near: When humans transcend biology.* Viking.

Mulgan, G.(2006). The process of social innovation. *Innovations: Technology, governance, globalization, 1*(2), pp.145-162.

Murray, R., et al.(2010). The open book of social innovation. *Nesta & The Young Foundation,* https://www.nesta.org.uk/report/the-open-book-of-soci

al-innovation/

Porter, M. E.(1985). *Competitive advantage: Creating and sustaining superior performance.* Free Press.

Ries, E.(2011). *The lean startup: How today's entrepreneurs use continuous innovation to create radically successful businesses.* Crown Business.

Rogers, E. M.(2003). *Diffusion of innovations*(5th ed.). Free Press.

Schumpeter, J. A.(1942). *Capitalism, socialism and democracy.* Harper & Brothers.

Stanford Institute for Human-Centered Artificial Intelligence(2023). *Artificial Intelligence Index Report 2023.*

02
AI를 바라보는 두 개의 렌즈

AI는 기술적 관점과 서비스적 관점으로 나누어 이해할 수 있다. 기술 중심의 AI는 알고리즘, 데이터, 컴퓨팅 인프라 등 시스템 자체에 초점을 맞추며, 서비스 중심의 AI는 이를 활용해 사용자에게 가치를 제공하는 데 중점을 둔다. 두 관점의 정의와 차이를 비교하고, 산업 내 사례를 통해 AI 기술이 어떻게 실질적인 서비스로 전환되는지를 살펴본다. 또한 AI 스타트업이 기술과 서비스를 효과적으로 결합해 경쟁력을 강화할 수 있는 전략을 제시한다.

AI와 MBTI?

AI를 기술로 보는 관점

AI는 일반적으로 기술적인 측면, 특히 컴퓨터 과학을 기반으로 이해된다. 기술적 관점에서 AI는 '기계가 인간의 지능을 모방해 학습하고 추론하며 문제를 해결하는 능력을 갖추도록 개발된 기술'로 정의할 수 있다. 대표적인 예로는 머신 러닝, 딥 러닝, 자연어 처리, 로보틱스 등이 있으며, 이들은 인간의 학습 능력, 시각 인식, 언어 이해 등의 기능을 컴퓨터로 구현하기 위한 알고리즘과 시스템 개발에 집중한다. 이러한 기술적 접근에서 가장 중요한 요소는 알고리즘의 정확성, 효율성, 그리고 혁신성이다. 이로 인해 AI는 흔히 '일반 목적 기술(general purpose technology: GPT)'로 간주된다. 일반 목적 기술이란 특정 산업에 국한되지 않고 다양한 분야에 걸쳐 응용될 수 있는 핵심 기술을 의미한다. AI는 제조, 금융, 교육, 의료 등 전 산업에 걸쳐 영향을 미치고 있다.

이러한 기술 중심 접근은 AI 생태계의 구조 속에서 더욱 구체적으로 드러난다. 특히 생성형 AI의 발전은 AI 기술이 단일 기능을 넘어 종합적 생태계로 진화하고 있음을 보여 준다. 이 생태계의 핵심에는 AI 시스템의 작동 원리와 성능을 좌우하는 핵심 기술 계층인 '모델 계층(model layer)'이 존재한다.

모델 계층은 AI 기술의 핵심 기반을 구성한다. 예를 들어, 오픈AI(OpenAI)의 GPT 시리즈(GPT-3, GPT-4), 이미지 생성 모델 달리(DALL · E 2), 스태빌리티에이아이(Stability.ai)의 스테이블 디퓨전(Stable Diffusion) 등이 이에 해당한다. 이 계층은 기술 중심으로 AI를 바라보는 관점과 직접적으로 연결되며, AI가 어떻게 작동하고 어떤 원리로 다양한 기능을 수행하는지를 보여 주는 핵심 영역이다.

결론적으로, AI를 기술로 본다는 것은 단순히 정교한 알고리즘을 개발하는 차원을 넘어 AI가 어떤 방식으로 산업과 사회 전반에 구조적 영향을 미치는지를 이해하는 문제로 확장된다. 기술 중심의 접근은 단지 기능 구현에 그치지 않고, 생태계를 어떻게 설계하고 구성할 것인지에 대한 전략적 판단과 맞닿아 있다.

AI를 서비스로 보는 관점

AI를 활용한 서비스가 속속 등장하면서 이제 AI는 복잡한 알고리즘과 모델의 집합체로만 머무르지 않게 되었다. AI는 손에 잡히는 서비스로, 클릭 한 번으로 호출되고, 애플리케이션 속에 자연스럽게 녹아든 형태로 우리 일상에 자리 잡았다.

이를 '서비스로서의 AI(AI-as-a-Service: AIaaS)'라 부른다. 복잡한 기술을 직접 구현하지 않더라도, 이미 준비된 AI 기능을 클라우드를 통해 간편하게 호출해 사용할 수 있는 방식이다. 사용자는 필요한 만큼만 비용을 지불하고, 기술의 세부 내용을 몰라도 AI의 혜택을 누릴 수 있는 시대가 도래한 것이다.

AI는 겉으로 드러나는 인터페이스보다, 그 이면에서 조용히 작동하며 가치를 창출하는 메커니즘에서 진정한 힘을 발휘한다. 서비스로서의 AI는 바로 이 지점에서 진가를 드러낸다. 사용자는 복잡한 기술 구조를 이해하지 않더라도, 자연스럽게 제공되는 기능을 통해 효율성과 편리함을 경험하게 된다. 다시 말해 AI는 사용자 몰입을 방해하지 않으면서 배경에서 작동하며, 서비스의 핵심 엔진으로 기능한다. 가령, 사용자는 챗봇을 통해 대화를 나누고, 가상 비서를 활용해 일정을 정리하며, 이미지 인식 API(application programming interface: 애플리케이션 프로그래밍 인터페이스)로 사진을 분류하고, 음성 비서에게 명령을 전달한다. 이 모든 과정에서 AI는 무대 뒤의 조력자처럼 조용하면서도 강력하게 작동한다.

AI를 서비스로 바라보는 관점에서 핵심은 "이 기술이 고객에게 어떤 실질적인 가치를 제공하는가"다. 기술의 진보가 아무리 중요하더라도 고객이 그 혜택을 체감하지 못한다면 혁신은 실현되지 않은 것이나 다름없다. 기업들이 AIaaS를 도입하는 이유도 여기에 있다. 대규모 투자를 감행하지 않더라도 필요에 따라 확장성과 유연성을 확보할 수 있으며, 즉시 사용 가능한 알고리즘, 데이터 세트, 컴퓨팅 자원을 구독하거나 API로 호출함으로써 AI 기능을 손쉽게 통합할 수 있다. 몇 줄의 코드만으로 수년간의 연구 성과를 서비스에 접목할 수 있는 이런 사례는 AI가 단순한 기술 개념을 넘어 실질적인 서비스로 전환되고 있음을 보여 준다.

이 같은 변화는 생성형 AI 생태계의 구조 속에서 더욱 뚜렷하게 드러난다. 서비스형 AI의 본질은 애플리케이션 계층(application layer)이라는 이름으로 구체화된다. 이 계층은 기술이 실제 사용자 경험으로 전환되는 핵심 접점으로 작용한다. 마케팅, 고객 지원, 콘텐츠 제작, 게임, 헬스케어 등 다양한 산업 분야에서 텍스트 생성, 이미지 생성, 음성 합성, 영상 편집, 3D 모델링 등의 기능이 실제 서비스로 구현되고 있다.

예를 들어, 텍스트 생성 분야에서는 오픈AI의 GPT 계열 모델을 기반으로 이메일 작성, 영업 메시지 생성, 노트 필기 등의 응용 서비스가 활발히 개발되고 있다. 광고 분야(예: 카피라이팅 및 배너 이미지 생성) 등에서도 광범위하게 활용되고 있다. 이처럼 모델 계층과 애플리케이션 계층의 유기적인 연결은 기술이 사용자의 삶 속으로 어떻게 스며들고, 실질적인 가치를 형성하는지를 잘 보여 준다.

또 다른 관점: 공급자 관점과 수요자 관점

AI 산업 생태계는 거대한 톱니바퀴처럼 작동한다. 한쪽에는 기술을 개발하고 정교화하는 공급자가 있고, 다른 한쪽에는 그 기술을 현장에 적용해 실제 가치를 창출하는 수요자가 있다. 이 둘은 마치 시계의 태엽처럼 맞물려 움직이며, AI 생태계를 구성하는 양대 축을 형성한다. 특히 최근 들어 AI 산업은 개별 기업의 기술 혁신을 넘어 산업 전반으로 확장되는 생태계적 구조를 띠고 있다. 공급자는 데이터 수집 · 처리, 알고리즘 개발, 플랫폼 구축, 클라우드 서비스 등 기술 기반을 구축하는 기업들이며, 수요자는 금융, 제조, 유통, 통신, 공공, 소비재 등 다양한 산업군에서 AI를 실질적으로 활용하는 기업들이다.

공급자 관점: AI 산업 생태계의 구조를 만드는 주체들

공급자는 AI의 두뇌와 신체를 설계하고 구현하는 역할

을 수행한다. 이들은 후방 산업부터 소프트웨어, 플랫폼, 하드웨어에 이르기까지 AI 생태계의 기반을 형성한다. 후방 산업에서는 데이터 전처리 기업이 AI에 필요한 데이터를 수집 · 정제 · 분석하며, 이를 바탕으로 데이터 거래와 컨설팅 서비스가 이루어진다. 이렇게 준비된 데이터는 AI 모델 개발 기업에 의해 알고리즘 학습 및 검증에 활용되며, 이후 외부 플랫폼 도입이나 자체 클라우드 인프라 구축을 통해 실제 서비스 환경으로 확대된다.

소프트웨어 기반 기업 외에도 AI 구축 컨설팅, 시스템 통합(system integration: SI) 업체, GPU · 반도체 등 연산 장비를 공급하는 하드웨어 기업도 공급자 생태계에 포함된다. 이처럼 공급자는 AI 기술이 실질적으로 구현되기 위한 전 과정을 담당하며, 산업 생태계의 토대를 구축하는 핵심 주체로 기능한다. 공급자 중에는 기술 중심 전략을 채택하는 기업도 있고, 사용자 친화적인 서비스 중심 전략을 선택하는 기업도 있다. 예를 들어, 오픈AI는 챗GPT를 단순한 언어 모델이 아니라 누구나 쉽게 사용할 수 있는 서비스로 전환하고, 이를 API, 구독형 요금제, 기업용 설루션 등으로 수익화하고 있다. 넷플릭스는 AI 기반 추천 알고리즘을 통해 사용자 경험을 최적화함으로써 기술을 비즈니스 가치로 전환하는 데 성공했다.

이러한 공급자들은 클라우드 인프라, 보안, 고객 피드백, 운영 자동화 등 기술 외적 요소까지 포괄적으로 관리하며, 고도화된 서비스를 지속적으로 유지하고 개선해야 하는 과제를 안고 있다.

수요자 관점: AI를 활용해 가치를 창출하는 현장

수요자는 기술을 단순히 소비하는 존재가 아니라 어떤 기술을 어떻게 도입할지를 전략적으로 판단해야 하는 주체다. 수요자 입장에서 가장 먼저 마주하는 질문은 "AI를 자체적으로 개발할 것인가, 아니면 외부 설루션을 도입할 것인가?"라는 선택의 문제다.

이 선택은 기업의 규모, 산업의 특성, 그리고 경쟁력 확보 전략에 따라 달라진다. 예컨대 테슬라는 자율 주행 AI를 핵심 역량으로 판단하고 전 과정을 자체 개발해 기술적 차별화를 꾀하고 있다. 반면 맥도날드는 드라이브스루 주문 정확도 향상을 위해 AI를 내부적으로 개발했지만, 운영 부담과 비용 문제로 외부 설루션으로 전환했다.

이런 추세는 대기업에 국한되지 않고 중소기업과 스타트업으로도 확산하고 있다. 기술 인프라와 전문 인력이 부족한 이들 기업은 SaaS(Software as a Service: 소프트웨어 기반 서비스) 기반 챗봇, 이미지 분석, 번역 서비스 등을 활용해 신속하게 AI를 도입하고 있다. 이런 방식은 초기 비용이 낮고 구현이 간편하다는 장점이 있으나, 동시에 데이터 보안, 벤더 종속, 기능 제약 등의 리스크를 수반한다.

한편, AI 도입 방식은 반드시 이분법적으로 구분할 필요는 없다. 과거에는 기업들이 '직접 개발'과 '외부 설루션 도입' 사이에서 선택을 강요받았지만, 기술 환경이 복잡해지고 활용 범위가 확대되면서 오늘날에는 두 가지 방식을 혼합하는 전략이 더욱 현실적이고 효과적인 대안으로 부상하고 있다. 실제로 많은 기업이 내부 개발과 외부 설루션을 병행하고 있다. 핵심 기능은 자사 데이터를 바탕으로 독자적인 모델을 개발해 통제력을 확보하고, 반복적이거나 표준화된 기능은 외부 서비스를 활용해 자원을 효율적으로 운영하는 방식이다. 이와 같은 혼합 전략(hybrid strategy)은 유연성과 실행 가능성을 동시에 고려하는 접근으로, 기업의 AI 활용 수준을 전략적으로 한층 높일 수 있는 방식이다. 실례로 유통 기업 월마트(Walmart)는 재고 예측과 물류 최적화 같은 핵심 운영은 자체 AI 시스템으로 관리하면서도, 고객 응대와 마케팅 자동화 등 비핵심 영역은 외부 AI 설루션을 통해 처리하고 있다. 항공사 델타(Delta)는 항공기 정비 일정 최적화와 수요 예측 시스템은 내부에서 자체 개발하고, 콜센터 자동화 및 챗봇 서비스는 외부 기업과의 협력을 통해 운영하고 있다. 이처럼 혼합 전략은 단순한 기술 선택을 넘어, '무엇을 내부 통제할 것인가'와 '어떤 영역에서 외부 역량을 활용할 것인가'에 대한 전략적 사고를 가능하게 한다.

참고문헌

삼일회계법인(2024). 생성형 AI를 활용한 비즈니스의 현주소, https://www.pwc.com/kr/ko/insights/samil-insight/samilpwc_ai-business-use-cases.pdf

CB Insights(2024). AI 100: The most promising artificial intelligence startups of 2024. CB Insights, https://www.cbinsights.com/research/report/artificial-intelligence-top-startups-2024/

Chesbrough, H.(2003). Open Innovation: The new imperative for creating and profiting from technology. Harvard Business Press.

Du, H., et al.(2024). The age of generative AI and AI-generated everything. *Ieee Network*.

Manyika, J. & Chui, M.(2021.6.10). Forward thinking on artificial intelligence with Microsoft CTO Kevin Scott. McKinsey & Company, https://www.mckinsey.com/featured-insights/future-of-w

ork/forward-thinking-on-artificial-intelligence-with-microsoft-cto-kevin-scott

Schrepel, T. & Pentland, A. S.(2024). Competition between AI foundation models: dynamics and policy recommendations. *Industrial and Corporate Change*, pp.1-19.

03
스타트업 생태계와 AI의 역할

AI는 이제 단순한 자동화 도구를 넘어 인간의 창의성과 실천력을 증폭하는 동반자로 진화하고 있다. 본 장에서는 AI의 역할을 '창조적 파트너'와 '효율성 증진의 조력자'라는 두 축으로 나누어, 스타트업 생태계에서 AI가 수행하는 전략적 기능을 조망한다. 음악, 예술, 의료, 금융 등 다양한 분야의 사례를 통해 AI가 인간과 협업하며 창의성의 새로운 패러다임을 어떻게 형성하고 있는지를 살펴보고, 이 과정에서 인간 고유의 창조성과 존재 의미가 어떠한 방식으로 재조명되고 있는지를 탐색한다.

AI와 난임 극복?

AI 역할에 대한 논의의 대두

AI는 사회 전반에 걸쳐 빠르게 확산하며 그 영향력을 확대하고 있다. 특히 스타트업 환경에서는 창의성과 효율성이 동시에 요구되기 때문에, AI의 활용은 전략적 도구로 부상하고 있다. 이와 함께 AI의 본질적 역할에 대한 논의도 활발히 전개되고 있다. 일부 학자는 AI가 기존 데이터를 학습하고 조합하는 수준에 머물러, 인간처럼 자발적이고 독창적인 사고를 할 수 없다고 지적한다(Brynjolfsson & McAfee, 2017). 마거릿 보든(Margaret Boden)은 창의성을 연결 창의성(combinational creativity), 탐색 창의성(exploratory creativity), 변형 창의성(transformational creativity)으로 구분했다(Boden, 2004). 보든은 AI가 기존 요소를 조합해 새로운 것을 만들어 내는 연결 창의성, 그리고 기존 규칙과 개념 내에서 새로운 조합을 탐색하는 탐색 창의성 영역에서는 강점을 보이지만, 인간 고유의 창의성과 밀접한 변형 창의성에는 도달하기 어렵다고 주장한다. 이런 견해와 달리 AI가 혁신적인 문제 해결 방식과 창조적 산출물을 통해 인간 이상의 창의성을 보여 줄 수 있다는 시각도 존재한다(Ramesh et al., 2022; Amabile, 1996).

이처럼 상반된 견해는 AI의 정체성과 역할에 대한 재

정립의 필요성을 시사한다. 주목할 점은 이런 논의가 이론적 담론에 그치지 않고, 실제 다양한 분야에서 구체적 사례로 나타나고 있다는 사실이다. 예컨대, AI는 예술, 음악, 문학, 과학, 의료 등 여러 영역에서 이미 창의적인 결과물을 생성하며 인간의 창작 활동에 본격적으로 참여하고 있다. 오픈AI의 GPT 모델은 시, 소설, 마케팅 문구 생성 등에 활용되고 있으며, 달리는 이미지 창작을 통해 시각 예술에서 새로운 가능성을 제시하고 있다. 의료 분야에서는 IBM 왓슨(Watson)이 암 진단을 보조하고 있으며, 딥마인드(DeepMind)의 알파폴드(AlphaFold)는 단백질 구조 예측이라는 과학계의 난제를 해결하는 데 기여하고 있다.

이 같은 사례는 AI가 단순한 데이터 처리 도구를 넘어 인간의 창작 과정에 실질적으로 기여하는 창조적 파트너로 진화하고 있음을 보여 준다. AI에 대한 철학적 · 이론적 논의는 이제 현실에서 그 유효성을 입증받고 있으며, 인간과 AI의 창조적 공존 가능성은 점차 구체적인 형태로 나타나고 있다.

창작자로서의 AI: 창조적 사고의 확장 파트너

AI의 창의성에 대한 논의는 예술이나 문화 분야에서 먼저 활발히 이루어졌으나, 이제는 과학, 기술, 의료, 공학, 경제 등 다양한 분야에서도 AI가 새로운 아이디어를 창출하고 문제를 해결하는 핵심 도구로 자리 잡고 있는 추세다.

오늘날 AI는 다양한 산업 현장에서 창조적 사고와 혁신을 이끄는 주체로 진화하고 있다. 이러한 AI의 창의성을 이해하기 위해서는 먼저 AI의 유형에 주목할 필요가 있다. AI는 세 가지로 분류할 수 있다. 첫째, 좁은 인공지능(artificial narrow intelligence: ANI)은 특정 목적에 특화된 AI로, 현재 가장 일반적으로 사용되는 형태다. 예를 들어, 오픈AI의 달리는 텍스트 입력만으로 창의적인 이미지를 생성하며, 앰퍼뮤직(Amper Music)은 사용자의 요구에 따라 음악을 자동 작곡한다. 이렇게 ANI는 제한된 범위 안에서 뛰어난 창의적 산출물을 만들어 낸다.

둘째, 범용 인공지능(artificial general intelligence: AGI)은 인간처럼 사고하고 다양한 문제를 유연하게 해결할 수 있는 AI를 의미한다. 아직 구현되지는 않았으나, 미래의 창조적 파트너로 주목받으며 활발히 연구되고 있다. AGI가 실현되면, 스타트업 창업가는 아이디어만 제시해도 AI가 시장 조사, 비즈니스 모델 설계, 마케팅 전략 수립 등을 자동으로 수행할 수 있을 것으로 기대된다.

셋째, 초지능(superintelligence)은 이론적으로 인간의 지능을 훨씬 초월하는 AI로, 아직 실현되지 않았지만 그 가능성만으로도 사회적 · 철학적 논의를 촉발하고 있다. 초지능은 질병 치료법을 인간보다 수십 배 빠르게 발견하거나, 전례 없는 예술 장르를 창출하는 등 놀라운 창의성을 발휘할 가능성이 있다.

AI 기술의 진화는 실제 산업 현장에서 창의적 문제 해결 방식을 변화시키고 있다. 과거에는 인간만이 할 수 있다고 여겨졌던 창의적 사고와 아이디어 도출이 AI를 통해 구현되고 있다. AI 기반 설계 자동화 기업인 오토데스크(Autodesk)는 자체 제너레이티브 디자인 툴인 프로젝트 디스커버리(Project Discovery)를 활용한 제너레이티브 디자인(Generative Design)을 통해 수백 개의 설계 대안을 자동 생성한다. 이는 전통적인 설계 방식보다 수십 배 빠른 속도로 대안을 제공하여, 창의적 해법을 단시간 내에 도출할 수 있도록 한다.

콘텐츠 산업에서는 퍼사도(Persado: AI 기반 콘텐츠 생성 및 카피라이팅 서비스 제공 기업)가 감성 분석을 기반으로 브랜드 메시지를 자동 생성한다. 영화와 드라마 각본 생성에 AI가 활용되는 사례도 등장하고 있다. 금융 분야에서는 블랙록(BlackRock: 미국에 본사를 둔 세계 최대의 자산 운용사)의 알라딘(Aladdin by BlackRock)이 투자 리스크를 분석함으로써 사람의 직관에 의존하던 영역에 정량적 근거와 예측 기반의 선택지를 제공한다.

이런 창의적 역할을 수행하는 생성형 AI 기술로는 생성적 적대 신경망(generative adversarial networks: GAN), 변분 자동 인코더(variational autoencoder: VAE), 트랜스포머(Transformer) 구조가 있다. GAN은 두 신경망 간 경쟁을 통해 정교한 이미지를 생성하며, 2018년 크리스티 경매에 등장한 AI 초상화 '에드몽 드 벨라미(Edmond de Belamy)'를 만든 기술이기도 하다. VAE는 데이터를 압축하고 재생성하는 방식으로 얼굴 표정 변화나 스타일 이미지 생성을 가능하게 한다. 트랜스포머는 GPT, 버트(BERT) 등의 언어 모델의 기반이 되며, 문맥 이해와 창의적 텍스트 생성에 특화되어 있다. 이들은 시나리오 작성, 마케팅 카피, 자동 대화 등에 활용되며, 단순한 예측을 넘어 새로운 콘텐츠를 생성하는 역할을 수행한다.

이처럼 AI는 더 이상 단순한 효율성 도구가 아니다. 사람이 명령하고 AI가 수행하는 단계를 넘어서, AI는 창작 과정의 주체로 자리 잡고 있다.

협력자로서의 AI: 효율성 증진의 도구

AI가 효율성을 증진하기 위해 수행하는 역할에 대한 논의 역시 학계와 산업계에서 지속적으로 이루어지고 있다. AI는 인간의 노동을 대체하는 존재가 아니라, 인간의 역량을 확장하는 보조적 파트너라는 인식이 점차 확산하고 있다. 이러한 관점은 특히 효율성 증대와 관련해 AI의 가치를 새롭게 정의하며, 다양한 산업 및 연구 분야에서 그 유효성이 입증되고 있다. MIT 슬론 경영대학원의 에릭 브리뇰프슨(Erik Brynjolfsson)은 저서『기계와의 경쟁(Race Against the Machine)』에서 "AI는 반복적이고 구조화된 작업에서는 인간을 능가할 수 있지만, 인간과 협업할 때 훨씬 더 큰 가치를 창출한다"라고 강조한다. 그는 AI가 인간의 업무를 완전히 대체하는 것이 아니라 인간이 보다 높은 수준의 문제 해결과 창의적 사고에 집중할 수 있도록 지원하는 방향으로 진화해야 한다고 본다.

스탠퍼드대학교의 페이페이 리(Fei-Fei Li) 역시 AI는 인간의 능력을 '대체'하기보다 '증강'해야 하며, 기술 설계와 정책의 중심에는 사람이 놓여야 한다고 강조한다. 이는 단순한 윤리적 주장을 넘어서, 효율성을 극대화하기 위해서도 기술이 인간의 판단과 창의성을 보완할 수 있어야 한다는 점에서 중요하다. AI는 인간에게 시간을 확보해 주고 정보 처리 역량을 제공함으로써, 인간이 고차원적인 가치를 창출할 수 있는 기반을 마련한다. 스탠퍼드가 발간한 'AI Index 2023'은 AI가 산업 생산성을 평균 30% 이상 향상하고 있으며, 인간이 보다 창의적인 업무에 집중할 수 있는 여건을 제공하고 있음을 보여 준다. 이는 AI가 단순한 자동화 기계가 아니라 반복적이고 구조화된 작업을 맡아 인간이 더 의미 있는 일에 몰입할 수 있도록 돕는 동반자임을 의미한다. 결과적으로 AI는 조직의 생산성을 높이는 동시에, 인간의 잠재력을 극대화하는 데 기여하고 있다.

AI가 실제로 산업 현장에서 업무 효율을 어떻게 끌어올리는지를 살펴보면 이러한 흐름은 더욱 뚜렷하게 나타난다. AI는 의료, 법률, 교육, 프로그래밍, 산업 등 다양한 분야에서 업무 효율을 크게 향상하고 있다. 의료 분야에서는 방대한 데이터를 신속히 분석해 진단과 치료 결정 속도를 높이고, 오진을 줄이며 자원 운영을 최적화한다.

법률 분야에서는 렉시온(Lexion)과 에비스오트(Evisort)와 같은 플랫폼이 계약서나 판례 분석을 자동화해 변호사들이 전략적 판단에 집중할 수 있는 환경을 조성한다.

교육 및 연구 분야에서는 구글의 소크라틱(Socratic)이나 리서치 래빗(Research Rabbit)과 같은 도구가 맞춤형 학습을 설계하고 논문 탐색과 요약을 간소화함으로써 시간 활용을 최적화하고 있다.

참고문헌

Amabile, T. M.(1996). *Creativity in context: Update to the social psychology of creativity*. Westview Press.

Autodesk(n.d.). How OMA applies generative design capabilities to complex design challenges, https://www.autodesk.com/customer-stories/oma

Boden, M. A.(2004). *The creative mind: Myths and mechanisms*(2nd ed.). Routledge.

Brynjolfsson, E. & McAfee, A.(2011). *Race against the machine: How the digital revolution is accelerating innovation, driving productivity, and irreversibly transforming employment and the economy*. Digital Frontier Press.

Li, F.-F.(2018.3.7). How to make A.I. that's good for people. *The New York Times*, https://www.nytimes.com/2018/03/07/opinion/artificial-intelligence-human.html

McAfee, A. & Brynjolfsson, E.(2017). *Machine, platform, crowd: Harnessing our digital future*. W. W. Norton & Company.

Ramesh, A., et al.(2022). Hierarchical text-conditional image generation with CLIP latents. *arXiv*, https://doi.org/10.48550/arXiv.2204.06125

04
AI 비즈니스 모델과 스타트업 맵핑

AI가 진정한 혁신으로서의 의미를 지니기 위해서는, 기술 그 자체를 넘어 비즈니스 모델로 구현되어야 한다. 아이디어가 수치로, 기술이 가치로 전환되는 그 지점에서 AI는 비로소 시장을 바꾸는 힘이 된다. AI 비즈니스 모델의 핵심 유형과 대표 사례를 통해, 기술이 실제 사업에서 어떻게 작동하고 확장력을 갖추는지 살펴본다.

AI와 사주?

AI 비즈니스 모델의 유형

10여 년 전까지만 해도 AI는 연구 중심의 기술로 인식되었으며, 일반 기업이나 스타트업이 접근하기 어려운 영역이었다. 이는 연구소와 대기업만이 다룰 수 있는 복잡한 알고리즘과 방대한 연산 능력이 요구되었기 때문이다. 그러나 오늘날 AI는 더 이상 연구실에 국한된 개념이 아니다. 스타트업은 AI를 활용해 새로운 제품과 서비스를 빠르게 시장에 출시하며, 기존 산업 구조를 재편하고 있다. AI는 단순한 기술을 넘어, 기업의 생존과 성장을 좌우하는 비즈니스 모델로 자리매김하고 있다.

자율 주행차를 개발하는 스타트업부터 고객 서비스 챗봇을 운영하는 기업, 수천만 명이 사용하는 AI 기반 콘텐츠 생성 도구에 이르기까지, AI 기술은 새로운 비즈니스 모델을 창출하거나 기존 모델을 혁신하는 핵심 요소로 기능하고 있다. 비즈니스 모델의 관점에서 AI는 단순한 기술 도구를 넘어 가치 창출과 전달, 수익 구조 전반을 변화시키는 동력으로 작용한다.

AI 비즈니스 모델은 가치 제안과 기술 활용 방식에 따라 세 가지 유형으로 분류할 수 있다. AI 자체를 제품이나 서비스로 판매하거나, AI를 통해 생성된 데이터 및 통찰을 제공하거나, AI를 활용해 기존 플랫폼이나 프로세스를 지능화하는 형태 등으로 다양화되고 있다. 이런 모델은 고객에게 새로운 가치를 제공한다는 점에서 의의를 지닌다.

AI 제품 · 서비스형 모델

AI 기술을 핵심으로 한 제품이나 서비스를 제공해 지속적인 수익을 창출하는 모델이다. 예를 들어, 가정용 AI 스마트 스피커나 가상 비서 서비스가 이에 해당한다. 이런 제품은 사용자와의 상호 작용을 통해 학습하며 점점 더 고도화되는 AI 기반 제품으로, 제품 판매 이후에도 프리미엄 기능 등을 통해 지속적인 서비스를 제공한다. 또한 기업용 소프트웨어 분야에서는 AI SaaS(Software as a Service: 소프트웨어 기반 서비스) 형태로 고객 센터용 챗봇이나 이미지 인식 API(application programming interface: 애플리케이션 프로그래밍 인터페이스) 서비스를 월 구독료 방식으로 제공하는 비즈니스 모델이 존재한다.

데이터 · 인사이트 판매 모델

AI의 분석과 예측 능력을 기반으로 유의미한 인사이트를 판매하는 모델이다. 특정 영역에서 방대한 데이터를 수집 · 분석한 후, 그 결과를 다른 기업에 제공함으로써 가치를 창출한다. 교통 데이터 AI 스타트업이 실시간 교통량 예측이나 최적 경로 정보를 물류 기업이나 도시 교통 당국에 서비스 형태로 판매하는 경우가 이에 해당한다. 금융 분야에서는 AI 스타트업이 소비자 거래 데이터를 학습해 신용 등급 예측 정보를 금융 기관에 제공하거나, 소비 트렌드 인사이트를 리서치 보고서 형태로 기업에 판매하기도 한다. 이처럼 데이터를 수익화하는 비즈니스 모델에서는 도메인 특화된 고품질 데이터 확보와 정교한 분석 역량이 핵심 경쟁 요소로 작용한다.

AI 기반 플랫폼 모델

플랫폼 비즈니스에 AI를 접목해 수요자와 공급자를 지능적으로 연결하거나 맞춤형 서비스를 제공하는 모델이다. AI 알고리즘을 활용해 최적의 매칭을 수행하고 가격을 실시간으로 조정함으로써 효율성을 극대화하는데, 대표적인 예로 승차 공유 서비스나 배달 플랫폼이 있다. 전자 상거래 플랫폼에서는 AI 추천 엔진을 통해 사용자별로 관심 상품을 노출해 구매 전환율을 높이는 등 개인화 마케팅이 중요한 역할을 한다. 이러한 AI 플랫폼 모델은 데이터가 축적될수록 매칭 정확도와 추천 품질이 향상되는 네트워크 효과를 지니며, 플랫폼 성장의 선순환을 가속화한다.

AI 스타트업의 비즈니스 모델 전략과 과제

지금까지 살펴보았듯이 AI 스타트업은 비즈니스 모델에 맞춰 시장 경쟁력을 확보하기 위한 전략을 전개하고 있다. 동시에 데이터 확보와 활용, 규제와 윤리 등의 측면에서 공통적인 도전에 직면해 있기도 하다. AI 비즈니스 모델의 성공을 위한 전략적 포인트와 넘어야 할 주요 과제는 무엇이 있을지 살펴본다.

AI로 경쟁력 확보를 위한 핵심 전략

AI 스타트업이 성공하기 위해서는 단순히 "당사는 AI를 활용하고 있다"라고 선언하는 것만으로는 충분하지 않다. 핵심은 어떤 문제를, 어떻게 AI로 해결할 것인가에 달려 있다.

첫째, AI 기술이 아무리 뛰어나더라도 해결해야 할 문제가 명확하지 않으면 시장에서 생존하기 어렵다. 예를 들어, 도큐마인드(Documind)는 방대한 법률 문서를 AI로 자동 분류·요약해 법률 전문가의 검토 시간을 단축하고, 계약서 내 리스크 조항을 실시간으로 식별함으로써 로펌과 기업 법무 팀의 업무 효율을 높이고 있다. 제브라 메디컬(Zebra Medical)은 의료 영상 분석이라는 틈새시장을 공략해 특정 질환의 조기 진단이라는 구체적인 문제를 해결하고 있다. 이러한 사례는 AI가 기존 산업의 구조와 업무 방식에 실질적인 변화를 가져올 수 있다는 점에서 의미를 지닌다.

둘째, 특정 산업의 문제를 정확히 이해하고 해결하는 데 특화된 AI는 범용 AI보다 훨씬 더 강력한 시장 영향력을 가질 수 있다. 사용자들은 '자신의 산업을 정확히 이해하는 AI'에 더 큰 신뢰를 보이며, 실제 문제 해결을 통해 가치를 창출하는 기업에 기대를 갖는다. 즉, AI 기술력은 해당 산업의 실제 문제를 효과적으로 해결할 수 있을 때에만 시장에서 의미 있는 가치를 지니며, 이런 문제 해결력을 바탕으로 구축된 비즈니스 모델이 성공 가능성을 높인다.

셋째, AI의 진정한 경쟁력은 알고리즘이 아니라 데이터에서 비롯된다. 스타트업이 지속적으로 데이터를 축적하고 이를 활용하면 AI 플라이휠(AI flywheel: 인공지능 시스템이 데이터-모델-성과 간의 선순환 구조를 통해 스스로 지속적으로 발전하는 메커니즘)이 작동한다. 데이터가 많아질수록 AI는 더욱 정교해지고, 더 나은 서비스를 제공하며, 이를 통해 더 많은 고객을 확보하게 된다. 다시 데이터가 축적되면서 AI가 더욱 고도화되는 선순환 구조가 형성된다. 예를 들어, 업스타트(Upstart)는 대출 상환 데이터를 축적해 신용 평가의 정확도를 높였고, 이를 바탕으로 더 많은 고객을 유치했다. 따라서 초기에는 손실을 감수하더라도 무료 베타 테스트나 프리미엄 기능 제공 등의 방식을 통해 데이터를 확보하는 것이 장기적으로 현명한 전략이 될 수 있다.

넷째, AI 스타트업이 빠르게 성장하기 위해서는 강력한 파트너와의 협력이 필요하다. 헬스케어 AI는 병원과 의료 기기 업체와 협력함으로써 의료 데이터 접근성과 신뢰도를 확보할 수 있으며, 핀테크 AI는 기존 금융사와의 제휴를 통해 고객 기반을 빠르게 확장할 수 있다. 전통 금융 기관과의 협력은 규제 준수 부담을 완화하고, AI 기반 신용 평가나 자산 관리 설루션을 보다 신속하게 시장에 적용할 수 있는 기반이 된다. 아마존 웹 서비스(AWS), 애저(Azure) 같은 클라우드 플랫폼과의 협력은 AI 서비스의 확장성과 접근성을 극대화하는 전략이다. 스타트업이 자체 인프라를 구축하는 대신 클라우드 마켓플레이스를 활용하면 글로벌 시장 진출이 용이해지고 운영 비용도 절감할 수 있다. 다만 빠른 확장 과정에서 기술력이나 주도권이 파트너에게 종속되지 않도록 균형을 유지하는 것도 중요한 전략적 고려 사항이다.

데이터 수집과 활용의 과제

앞서 살펴보았듯이 AI의 연료는 데이터다. 그러나 스타트업이 고품질 데이터를 확보하는 일은 쉽지 않다. 예를 들어, 자율 주행 AI는 수억 킬로미터에 달하는 주행 데이터를 필요로 하지만, 초기 단계의 스타트업은 이를 현실적으로 확보하기 어렵다. 이 문제를 해결하기 위해 많은 기업은 시뮬레이션 기반 학습을 활용하거나, 기존 차량 데이터를 수집하는 방식을 선택하고 있다. 헬스케어 AI의 경우, 개인 정보 보호 규제로 인해 환자 데이터에 대한 접근이 제한적이다. 이에 따라 익명화된 공공 데이터 세트나 합성 데이터를 활용하거나, 의료 기관과 협력해 연구 목적의 데이터를 공유해 대응하고 있다.

하지만 데이터의 양이 많다고 해서 우수한 AI가 만들어지는 것은 아니다. 편향되거나 품질이 낮은 데이터를 학습하면, AI는 부정확하거나 차별적인 결과를 도출할 수 있다. 예컨대 얼굴 인식이나 신용 평가 AI는 편향된 학습으로 인해 특정 집단에 불리한 결과를 반복할 수 있다. 따라서 데이터의 다양성과 품질을 확보하고, 알고리즘에 편향 보정과 윤리 검토 기능을 포함해야 한다.

또한 대규모 데이터를 저장·처리하기 위한 인프라 비용도 스타트업에는 큰 부담이다. 초기에는 클라우드 서비스로 비용을 분산할 수 있으나, 장기적으로는 에지 AI(Edge AI: 데이터를 중앙 클라우드가 아닌 디바이스 자체인 에지에서 실시간으로 처리하고 분석하는 AI 기술)나 경량 모델 도입을 통한 최적화가 요구된다.

더불어 개인 정보 보호와 법적 규제 대응도 중요하다. AI는 민감한 데이터를 다루기 때문에, GDPR(general data protection regulation: 유럽 연합의 일반 개인 정보 보호법) 등 관련 법규를 준수해야 하며, 의료·금융 등 분야별 요건을 충족해야 한다. 특히 크롤링 데이터(crawling data: 웹 크롤러 또는 스크래퍼라는 프로그램이 인터넷상의 웹사이트를 자동으로 탐색하면서 수집한 데이터) 사용 시 저작권과 사용 권한을 명확히 해야 하며, 공공 데이터나 라이선스가 부여된 데이터의 활용이 권장된다. 윤리성과 법적 정당성을 확보하는 일은 AI 스타트업의 지속 가능성을 높이기 위한 핵심 요소다.

참고문헌

CB Insights(2024). Digital health 50: The most promising digital

health startups of 2024,
https://www.cbinsights.com/research/report/digital-health-startups-redefining-healthcare-2024/

CB Insights(2025.1.30). State of AI Report: 6 trends shaping the landscape in 2025,
https://www.cbinsights.com/research/report/ai-trends-2024/

Crowe, S.(2021.1.19). Cruise raises $2B, partners with Microsoft on autonomous vehicles. GM Newsroom,
https://www.therobotreport.com/cruise-raises-2b-partners-microsoft-autonomous-vehicles/

Documind. https://www.documind.com

European Commission(n.d.). Data protection explained,
https://commission.europa.eu/law/law-topic/data-protection/data-protection-explained_en

Gillham, J.(2017). *The economic impact of artificial intelligence on the global economy*. Price Waterhouse Coopers, London, UK.

Stein, A.(2021). In up to $200M acquisition by Nanox, Zebra medical vision brings its AI to reimagine radiology globally. Business Wire,
https://www.businesswire.com/news/home/20210810005663/en

Upstart. https://www.upstart.com

Zebra Medical Vision. https://www.zebra-med.com

05

제조 및 기술 분야의 AI 스타트업

기술 및 제조 산업에서 AI 활용이 확대되면서, 글로벌 기업들은 이를 통해 생산성과 품질을 개선하며 비용을 절감하고 있다. AI 스타트업 또한 자동화, 예측 유지 보수, 스마트 제조, 공급망 최적화 등 다양한 영역에서 혁신을 주도하며 새로운 비즈니스 모델을 제시하고 있다. 이와 같은 AI 스타트업 사례를 중심으로, 창업 배경, 성공 요인, 도전과 기회, 핵심 가치와 비즈니스 모델을 분석한다.

AI와 아이돌?

기술 및 제조 산업에서 AI의 부상

기술과 제조 분야에서 AI의 활용이 가속화되면서, 글로벌 제조업체들은 AI를 통해 생산성을 극대화하고 비용을 절감하며 품질을 개선하는 전략을 추진하고 있다. 동시에 AI 스타트업들은 혁신적 설루션을 개발해 기존 산업의 패러다임을 변화시키고 있다. 특히 AI 기반 자동화, 예측 유지 보수(predictive maintenance), 스마트 제조(smart manufacturing), 로보틱스, 공급망 최적화 등이 주요 트렌드로 자리 잡고 있다. 대기업과 스타트업 간 협업이 증가하면서, AI 기술을 활용한 새로운 비즈니스 모델도 등장하고 있다. AI 스타트업들은 기술과 제조 산업에서 다양한 방식으로 혁신을 이루고 있는데, 주요 트렌드는 다음과 같다.

첫째, 스마트 팩토리는 AI와 사물 인터넷(internet of things: IoT), 빅 데이터 분석을 결합해 제조 공정을 자동화하고 최적화하는 개념이다. AI 스타트업들은 머신 비전(machine vision), 로봇 프로세스 자동화(robotic process automation: RPA), 디지털 트윈(digital twin: 현실 세계의 사물, 시스템, 또는 프로세스를 가상 공간에 실시간으로 복제한 디지털 모델) 등의 기술로 생산성 향상을 지원하고 있다.

둘째, 공급망 및 물류 최적화 분야에서 AI 스타트업들은 공급망 관리(supply chain management: SCM) 및 물류 최적화 설루션을 제공해, 재고 관리 · 배송 · 수요 예측의 정확성과 효율성을 동시에 향상하고 있다. 이를 통해 비용 절감과 운영 효율성을 동시에 달성하고 있다.

셋째, AI 기반 로보틱스 및 협업 로봇(Co-bots)의 현장 적용 사례가 증가하고 있다. AI를 적용한 로봇 기술은 제조 공정에서 중요한 역할을 한다. 기존의 전통적인 산업용 로봇을 넘어 인간과 협력 가능한 협업 로봇이 등장하면서 생산성을 높이고 유연한 제조 환경 구축에 기여하고 있다. 스타트업들은 자율 로봇과 지능형 로봇 기술을 개발해, 고속 및 정밀 작업뿐 아니라 복잡한 조립이나 검사 공정에서도 유연하게 대응할 수 있는 설루션을 제공하고 있다.

랜딩AI, AI로 제조업을 혁신하다

개요와 설립 배경

랜딩AI는 AI 석학 앤드루 응(Andrew Ng)이 2017년에 설립한 기업이다. AI 기술이 대기업뿐만 아니라 중소 제조업체에서도 폭넓게 활용되어야 한다는 신념을 바탕으로 출발했다.

기존에는 AI를 제조업에 도입하려면 대규모 데이터와 복잡한 인프라가 필요했기 때문에, 많은 기업에 장벽이 되곤 했다. 랜딩AI는 이런 문제를 해결하기 위해 경량화된 AI 모델과 노코드(no-code: 프로그래밍 지식 없이도 웹사이트, 앱, 데이터 관리 시스템 등을 개발할 수 있도록 도와주는 기술) 기반 AI 개발 환경을 제공함으로써 초기 도입의 어려움을 완화하고자 했다. 특히 적은 양의 데이터로도 높은 정확도를 유지할 수 있는 데이터 중심 AI(data-centric AI) 접근법을 강조하며, 제조업체들이 AI를 보다 쉽게 도입할 수 있도록 지원해 왔다. 랜딩AI는 궁극적으로 다양한 산업 분야에서 활용 가능한 컴퓨터 비전 기반의 품질 검사 및 자동화 설루션을 제공하는 것을 목표로 하고 있다.

창업자 스토리

랜딩AI를 설립하기 전부터 앤드루 응은 AI 생태계에서 이미 잘 알려진 인물이었다. 2012년, 그는 구글 브레인(Google Brain: 구글의 딥 러닝 인공지능 연구 팀)에서 딥 러닝 기술을 활용해 고양이 이미지를 놀라운 정확도로 인식하는 데 성공하며 주목받았다. 특히 레이블이 없는 데이터를 활용한 비지도 학습을 적용해 화제가 되었으며, 이는 데이터 중심 AI의 초기 실험으로 평가받기도 한다. 이후 그는 1세대 MOOC(Massive Online Open Course: 강의 공개 운동의 한 형태인 온라인 대형 강좌) 플랫폼인 코세라(Coursera)와 바이두를 거치면서 컴퓨터 비전, 헬스케어, 생성형 AI 분야에서 다양한 성과를 올렸다. 그리고 2017년, 앤드루 응은 "많은 이가 직접 보진 않지만 삶에 큰 영향을 미치는 산업"인 제조업을 혁신하겠다는 비전 아래 랜딩AI를 창업했다.

해결하고자 한 문제

랜딩AI는 제조업 현장에서 카메라 이미지를 활용한 제품 결함 검출 AI 시스템을 개발했다. 이를 공장 조립 라인에 설치하면 불량 제품을 자동으로 식별할 수 있었다. 그러나 실제 시장에서의 확산은 쉽지 않았다. 일반 소비자 대상 소프트웨어와 달리 제조업은 공장마다 환경이 달라 맞춤형 AI가 필요했기 때문이다. 창업 초기에는 예상보다 시장 확장이 더뎌, 랜딩AI는 기업 대상 컨설팅을 통해 수익을 창출하기도 했다.

이후 앤드루 응은 AI의 활용 방식에 대한 새로운 접근을 시도했다. 그는 AI의 미래가 '데이터 중심 접근법'에 있다고 보고, 소량의 데이터로도 효과적인 AI를 구축할 수 있다면 제조업 적용성이 커질 것이라고 판단했다. 이에 따라 랜딩AI는 적은 데이터로도 높은 성능을 발휘하는 AI 기술을 개발했고, 이는 업계의 긍정적인 반응을 이끌었다.

대규모 데이터 기반의 컴퓨터 비전 모델이 이상적으로 보일 수 있지만, 실제 산업 현장에서는 필연적으로 최적의 해결책이 되지는 않는다. 데이터가 지나치게 많으면 도메인 전문가의 개입이 줄고, 현장 적용성이 낮아질 수 있기 때문이다. 앤드루 응은 데이터의 양보다 질이 중요하다고 강조한다.

핵심 가치와 비즈니스 모델

랜딩AI의 경쟁력은 데이터 중심 AI 기술에 있다. '50개의 데이터 포인트로도 AI를 능가할 수 있다'는 원칙은 데이터 레이블링과 관리를 최우선 가치로 삼는 조직 문화로 이어졌다. 이 기술은 컴퓨터 비전 기반 품질 검사와 결합해, AI가 사람의 눈처럼 제품을 분석하고 결함을 실시간으로 탐지할 수 있도록 한다.

주요 제품인 랜딩렌즈(LandingLens)는 노코드 플랫폼으로, 비전문가도 쉽게 AI를 사용할 수 있다. 공장 근

로자들이 복잡한 코딩 없이 AI를 활용해 자동화된 제품 검사를 할 수 있는 환경을 제공하며, 이는 "AI는 모두를 위한 기술이어야 한다"는 앤드루 응의 신념을 실현한 사례다. 또한 클라우드와 온프레미스(On-premise: 기업이 자체적으로 서버, 소프트웨어, IT 인프라 등을 구축하고 운영하는 방식) 방식을 병행해 고객이 자체 환경에 맞춰 유연하게 AI 시스템을 운영할 수 있도록 지원한다. 이를 통해 랜딩AI는 다양한 기업과 협력하며 고객 기반을 지속적으로 확대하고 있다.

세계 최대 전자 제품 위탁 생산 업체 폭스콘(Foxconn)은 랜딩AI의 기술을 이용해 전자 회로 기판(printed circuit board: PCB)의 불량을 감지함으로써 생산성과 품질을 동시에 개선했다. 반도체 칩 제조업체들 역시 랜딩렌즈를 도입해 검사 정확도와 인건비 절감 효과를 얻었다.

한편 랜딩AI는 B2B(business to business: 기업 대 기업) SaaS(Software as a Service: 소프트웨어 기반 서비스) 사업 모델을 채택해 클라우드 기반 비전 AI 플랫폼을 제공하고 관련 서비스를 통해 수익을 창출한다. 특히 서비스형 소프트웨어 형태로 제공되는 랜딩렌즈는 2023년부터 프리미엄(freemium) 요금제를 도입해 누구나 무료로 체험하고, 사용량에 따라 비용을 지불하는 방식으로 전환했다. 이러한 전략은 고객 유치에 효과적이었으며, 지속적인 기능 개선과 업데이트를 통해 고객 충성도도 높이고 있다.

투자 유치 성과와 성장 전망

랜딩AI는 빠르게 성장하는 AI 기업으로, 2021년 시리즈 A(벤처캐피탈로부터 본격적인 성장을 도모하기 위한 첫 대규모 자금 유치 단계)에서 5700만 달러, 2023년까지 총 7700만 달러의 투자를 유치했다. 설립 초기부터 스탠리블랙앤데커, 폭스콘 등 대기업을 고객으로 확보했으며, 반도체, 의료 기기, 바이오 등 다양한 산업에서 파일럿(Pilot: 비즈니스나 기술 분야에서 본격적인 상용화나 확산 전에 소규모로 실행해 보는 시험 운영) 및 실무에 AI 모델을 적용 중이다.

2023년 기준 플랫폼 가입자는 1000명을 넘었고, 북미 · 아시아 지역에서 설루션 도입이 확대되고 있다. 적은 데이터로도 효과를 내는 기술과 창업자의 리더십을 바탕으로, 랜딩AI는 제조업 AI 시장에서 차별화된 경쟁력을 확보하고 있다.

코베리언트, AI로 물류 자동화를 혁신하다

개요와 설립 배경

코베리언트(Covariant)는 AI 기반 로보틱스 스타트업으로, 2017년 UC 버클리 교수 피터 애빌(Pieter Abbeel)과 그의 제자 피터 첸(Peter Chen), 로키 두안(Rocky Duan)이 설립했다. 피터 애빌은 강화 학습과 로봇 자율 학습 분야에서 세계적으로 인정받는 연구자이며, 피터 첸과 로키 두안은 오픈AI에서 연구원으로 활동하면서 대형 언어 모델(large language model: LLM)을 기반으로 한 로봇 AI 소프트웨어 구축 경험을 쌓았다.

이들은 기존 물류 자동화 시스템의 한계를 극복하기 위해 코베리언트를 창립했다. 전통적인 산업용 로봇은 반복적인 작업에는 적합하지만, 변화하는 환경에 유연하게 대응하는 데 한계가 있었다. 코베리언트는 이 같은 문제를 해결하기 위해 딥 러닝을 기반으로 하는 범용 AI 로봇 시스템인 코베리언트 브레인(Covariant Brain)을 개발했다. 이 시스템은 로봇이 새로운 작업을 스스로 학습하고 최적의 방식으로 수행할 수 있도록 설계되었다. 코베리언트는 AI 기반 로봇 자동화 설루션을 통해 물류 및 제조업 분야의 혁신을 주도하고 있으며, 특히 다양한 크기와 형태의 제품을 유연하게 처리하는 데 강점을 보인다.

창업자 스토리

창업자 피터 애빌은 강화 학습과 로봇 제어 기술 분야의 세계적인 연구자로, 오픈AI에서도 AI 기반 로봇 학습 프로젝트를 주도한 경험이 있다. 그는 로봇이 단순히 사전에 프로그래밍된 작업만 수행하는 것이 아니라, 환경을 인식하고 스스로 학습하며 새로운 작업을 수행할 수 있어야 한다는 비전을 가지고 있었다.

피터 애빌은 고급 로봇도 여전히 세 살 아이만큼의 유연성과 학습 능력을 갖추지 못한다고 보았다. 이에 따라 그는 딥 러닝이 로보틱스 발전의 핵심이라고 판단하고, 강화 학습 기반 자율 학습 기술에 집중하게 되었다. 2019년, 훈련되지 않은 건물을 탐색하는 로봇 시연을 통해 그는 강화 학습의 가능성을 입증했다. 이 접근은 기존 자동화보다 진보된 방식으로, 새로운 환경에서도 적응이 가능하다는 점을 보여 주었다. 그의 기술은 공장, 물류 창고, 조립 현장 등 다양한 산업 분야에 적용되고 있으며, 로보틱스에 딥 러닝을 접목하는 데 선도적 역할을 수행하고 있다.

풀고자 한 문제

기존 물류 및 제조 자동화 시스템은 정해진 작업만 반복 수행해 변화에 유연하게 대응하지 못하면서 로봇 시스템의 한계가 명확해졌다. 주요 문제는 다음과 같다.

첫째, 제품 형태의 다양성이다. 창고에서는 크기, 모양, 재질이 서로 다른 수많은 제품을 다뤄야 하는데, 기존 로봇은 이러한 변화를 인식하고 유연하게 대응하기 어려웠다.

둘째, 예측하기 어려운 작업 환경이다. 전통적인 자동화 시스템은 사전에 정해진 규칙에 따라 작동하지만, 물류 현장에서는 실시간으로 다양한 변수가 발생해 높은 적응력이 요구된다.

셋째, 낮은 시스템 유연성이다. 기존 로봇을 새로운 작업 환경에 투입하기 위해서는 별도의 프로그래밍과 설정 변경이 필요해 현장 적용성이 떨어지는 문제다.

핵심 가치와 비즈니스 모델

코베리언트가 제공하는 가치는 다음과 같다. 첫째, 로봇이 지속적으로 데이터를 학습하며 성능을 개선해 정확도와 효율성을 높인다. 둘째, 실시간으로 작업 환경 변화에 적응할 수 있는 유연한 시스템을 통해 안정성을 확보한다. 셋째, 맞춤형 설루션으로 산업별 특성에 적합한 자동화 전략을 제공해 실질적 성과를 창출한다. 넷째, AI 기반 자동화로 인건비 절감, 품질 향상, 운영 리스크 감소 등 전반적인 비즈니스 경쟁력을 강화한다.

비즈니스 모델은 SaaS(Software as a Service: 소프트웨어 기반 서비스) 기반이다. 대형 물류 센터 및 제조업체에 맞춤형 AI 로봇 설루션을 공급하며, 프로젝트 규모에 따라 수익을 창출한다. 클라우드 기반 플랫폼을 통해 지속적인 소프트웨어 업데이트와 AI 학습 지원을 제공하고 사용료를 부과한다. 또한 로봇 하드웨어 제조업체와 협력해 시스템 통합, 유지 보수, 기술 지원을 통해 추가 수익을 확보한다.

투자 유치 성과와 성장 전망

코베리언트가 딥 러닝과 강화 학습을 통해 개발한 물류 창고용 피킹 로봇은 이미 유럽과 북미 물류 센터에 배치되어 1만여 종류의 상품을 99% 정확도로 분류하며 주문 처리에 기여하고 있다. 아마존(Amazon), JD닷컴(JD.com), 페덱스(FedEx) 등 글로벌 기업들이 코베리언트의 AI 로봇을 도입해 자동화된 물류 시스템을 구축하고 있다. 이러한 기술력과 성장 가능성을 인정받아 인덱스 벤처스(Index Ventures), 래디컬 벤처스(Radical Ventures) 등 주요 벤처 캐피털로부터 총 2억5000만 달러 이상의 투자를 유치했다.

2024년 8월, 아마존은 코베리언트 창업자 세 명과 직원 약 25%를 영입하고, AI 모델에 대한 비독점 라이선스를 확보하는 형태의 '리버스 애퀴하이어(Reverse Acqui-hire)' 방식으로 투자를 단행했다. 이는 전통적 인수 합병과 달리 핵심 인력과 기술만을 이전하는 방식이다. 이 방식은 코베리언트가 독립성을 유지하면서 아마존과 지속적인 기술 협력이 가능하다는 점에서 주목할 만하다. 창업자와 일부 핵심 인력은 아마존으로 이동해 더 큰 시장에서 AI 기술을 구현하고, 기존 투자자들은 기술 라이선싱을 통한 투자 회수 기회를 확보할 수 있다. 리버스 애퀴하이어 이후, 코베리언트의 테드 스틴슨(Ted Stinson) COO가 CEO로 승진했으며, 공동 창업자인 톈하오 장(Tianhao Zhang)과 함께 회사를 운영하고 있다.

코베리언트는 여전히 독립적인 기술 기업으로서 정체성을 유지하며, AI 기반 로봇 자동화의 가능성을 실현하고 있다. 지속적인 기술 개발과 산업 현장 맞춤형 설루션을 통해 물류 및 제조 자동화 분야에서 핵심 기업으로 자리매김할 수 있을 것으로 예상된다.

참고문헌

Amazon Staff(2024.8.30). An update on how we're accelerating the use of AI in robotics at scale. Amazon, https://www.aboutamazon.com/news/company-news/amazon-covariant-ai-robots

CB Insights(2022.5.17). AI 100: The most promising artificial intelligence startups of 2022, https://www.cbinsights.com/research/report/artificial-intelligence-top-startups/

Gil, P.(2021.1.16). Andrew Ng Launches A Campaign For Data-Centric AI. *Forbes*, https://www.forbes.com/sites/gilpress/2021/06/16/andrew-ng-launches-a-campaign-for-data-centric-ai/

Heater, B.(2021.7.27). Robotic AI firm covariant raises another $80 million. Techcrunch.

Jeremy, K.(2022.6.21). Deep learning pioneer Andrew Ng says companies should get 'data-centric' to achieve A.I. success. *Fortune*, https://fortune.com/2022/06/21/andrew-ng-data-centric-ai/

Plathottam, S. J., et al.(2023). A review of artificial intelligence applications in manufacturing operations. *Journal of Advanced Manufacturing and Processing, 5*(3), e10159.

PwC(2025). 2025 AI Business Predictions, https://www.pwc.com/us/en/tech-effect/ai-analytics/ai-predictions.html

Xiang, W., et al.(2023). Advanced manufacturing in industry 5.0: A survey of key enabling technologies and future trends. *IEEE*

Transactions on Industrial Informatics, 20(2), pp.1055–1068, https://ieeexplore.ieee.org/document/10121632

06

의료 분야의 AI 스타트업

AI는 의료 및 헬스케어 분야에서 빠르게 혁신을 이끌고 있다. 진단, 개인 맞춤 건강 관리, 정신 건강, 수명 연장 등 다양한 영역에서 기존 시스템의 한계를 뛰어넘고 있다. 전통적인 의료 산업은 높은 비용과 복잡한 규제로 인해 변화가 더뎠지만, AI 도입으로 서비스는 더 개인화되고 접근성은 높아졌다. 이에 따라 의료 분야의 AI 스타트업들은 빅 데이터와 머신 러닝을 활용해 조기 진단, 치료 최적화, 의료진 업무 경감에 기여하는 설루션을 개발하고 있다.

AI와 야구?

AI 스타트업들이 바꾸는 의료와 헬스케어

AI 스타트업들은 의료와 헬스케어 분야에서 기존 방식의 한계를 극복하며 빠르게 혁신을 주도하고 있다. 특히 질병 진단, 신약 개발, 원격 의료, 정신 건강 관리 등 다양한 영역에서 AI 기술의 역할이 확대되고 있다.

먼저, AI는 의료 영상 데이터를 분석해 암, 심장 질환, 뇌졸중 등 주요 질환을 조기에 진단하는 데 사용되고 있다. 딥 러닝 기반 영상 분석 기술은 의사보다 빠르고 정확한 진단을 가능하게 하며, 유전체 분석을 통한 맞춤형 치료 제안 등 정밀 의학 분야에서도 핵심 기술로 자리 잡고 있다.

또한 신약 개발 분야에서는 AI가 후보 물질을 빠르게 선별하고, 임상 데이터를 분석함으로써 기존에 수년이 걸리던 과정을 단축하고 있다. 이로 인해 제약 회사와 AI 스타트업 간의 협력이 활발하게 이루어지고 있다.

팬데믹을 계기로 급속히 확산된 원격 의료 분야에서도 AI는 핵심 역할을 맡고 있다. 챗봇과 가상 비서는 증상을 분석하고 예약을 돕는 등 의료진의 업무를 보조하며, 웨어러블(wearable) 기기와 연계한 헬스케어 시스템은 실시간 건강 모니터링을 통해 개인 건강 관리를 가능하게 한다.

정신 건강 분야에서는 감정 인식 기술을 기반으로 한 감성 AI가 등장하고 있다. 이는 사용자의 감정을 분석해 명상, 심리 상담, 코칭 등 맞춤형 지원을 제공하며, 정신 건강 관리의 새로운 패러다임을 제시하고 있다. 이처럼 AI 스타트업들은 기술을 기반으로 의료의 접근성, 효율성, 개인화를 동시에 향상하며 의료 혁신의 중심에 서고 있다.

루닛: AI 기반 의료 영상 분석 혁신 기업

개요와 설립 배경

루닛(Lunit)은 AI 기반 의료 영상 분석 기업으로, 2013년 서울대학교 출신 연구진이 창립했다. 공동 창업자이자 CEO인 서범석은 의료 AI 기술 분야의 시장 잠재력을 인지하고, 방대한 의료 영상 데이터를 학습할 수 있는 AI 모델을 개발하기 위해 루닛을 설립했다. 기존 의료 영상 판독 시스템에는 영상의 질적 차이와 판독자의 숙련도에 따라 정확성이 달라지는 문제가 있었다.

루닛은 이런 문제를 해결하기 위해 딥 러닝을 활용한 의료 영상 분석 솔루션을 개발해 영상 판독의 정확도를 높이고 진단 과정을 효율적으로 개선하는 것을 목표로 삼았다. 특히 엑스레이(X-ray) 및 시티(CT) 영상 분석 과정에서 발생하는 오류를 줄이고, 더 정밀한 의료 AI 설루션 개발에 집중했다.

창립 이후 루닛은 AI 연구를 바탕으로 다양한 의료 영상 데이터 세트를 구축하고, 글로벌 의료 기관과 협력해 실제 임상 환경에서 검증된 설루션을 개발해 왔다. 초기에는 연구 개발에 집중했으며, 이후 AI 기반 영상 판독 설루션을 상용화하면서 빠르게 성장했다. 현재 루닛은 세계적인 의료 기관과 협력해 AI 의료 진단의 표준을 만들어 가고 있다.

창업자 스토리

루닛의 CEO 서범석은 AI를 활용한 의료 혁신이 단순한 기술 개발을 넘어 환자의 생명을 살리는 핵심 역할을 한다고 강조했다. 그는 "의료 AI는 단순한 진단 보조 도구가 아니라 의료진이 더 빠르고 정확하게 결정을 내릴 수 있도록 돕는 필수적인 요소가 될 것"이라며 AI가 의료 분야에서 중요한 역할을 할 것으로 전망했다. 서울대학교에서 의학을 전공한 서범석은 일찍부터 의료 기술과 데이터의 중요성을 인식하고 AI가 의료 현장에 가져올 변화에 주목했다.

카이스트 전자 공학과 출신인 백승욱 의장은 2013년 딥 러닝 기술이 의료 분야에 혁신을 가져올 것이라고 판단했다. 처음에는 고객 맞춤형 패션 AI라는 아이템을 시도했지만, 실패를 경험하며 직관과 감각이 중요한 패션 산업에서 AI가 인간을 뛰어넘기 어렵다는 한계를 깨달았다. 이후 그는 보다 객관적이고 정량적인 판단이 필요한 의료 영상 분석으로 방향을 선회하는 것이 창업 성공 가능성을 높일 수 있다고 보았다.

서범석 대표와 백승욱 의장이 의기투합해 루닛을 창업했지만, 초기에는 많은 어려움이 있었다.

가장 큰 도전은 AI 기반 의료 영상 분석 기술의 신뢰성을 입증하는 것이었다. 초창기에는 병원과 의료진이 AI 기반 영상 분석 결과에 회의적이었고, 새로운 AI 설루션 도입을 망설였다. 의료진이 AI 기술을 신뢰하고 실무에 활용할 수 있도록 하기 위해서는 단순한 기술 개발을 넘어 의료 현장의 피드백을 반영한 실용적 설루션이 필요했다.

이를 위해 루닛은 AI 판독 결과를 직관적으로 이해할 수 있게 시각화하고, 병원 시스템과 원활히 연동될 수 있도록 설계하는 노력을 기울였다. 이러한 노력을 통해 루닛의 기술은 국내외 주요 병원에서 도입하기 시작했고,

미국 식품의약국(FDA) 및 CE(conformité européenne: 유럽 연합 역내에서 유통되는 제품에 의무화된 제품 안전마크) 인증을 획득해 글로벌 시장에서도 신뢰를 얻었다.

풀고자 한 문제

루닛은 의료 영상 판독의 오류, 의료진 부족, 진단 지연, 높은 비용 문제 해결을 목표로 했다.

먼저, 엑스레이나 CT 판독에서 의사의 진단에만 의지하면 작은 병변이 간과되는 경우가 많아 조기 진단이 어려울 수 있다. 미국 영상 의학회에 따르면 숙련된 전문의조차 초기 폐암의 20~30%를 놓칠 수 있다.

둘째, 일부 지역은 인구 대비 영상의학과 전문의가 부족하다. AI를 활용하면 의료진이 부족한 지역에서도 빠르고 정확한 판독이 가능하다.

셋째, AI가 사전 분석을 수행하도록 해 판독 시간을 단축하고자 했다.

마지막으로, 전문의 직접 판독 시 발생하는 비용 부담의 문제를 풀고자 했다. AI를 통한 판독 자동화는 비용 절감과 신속한 진단을 가능하게 한다.

핵심 가치와 비즈니스 모델

루닛은 의료 AI를 통한 빠르고 정확한 진단 지원, 진료의 질 향상을 핵심 가치로 삼고 있다. 특히 암 진단과 치료에서 강점을 보이며, 병리 이미지를 분석해 암세포를 식별하고, 맞춤형 치료 전략을 제시해 생존율을 높이고 부작용을 줄인다.

루닛은 AI 기반 의료 영상 분석 기술을 B2B(business to business: 기업 대 기업) 형태로 병원과 헬스케어 기업에 제공하며, 수익은 병원 규모와 사용량에 따라 책정된 개별 계약을 통해 발생한다. 또 SaaS(Software as a Service: 소프트웨어 기반 서비스) 모델을 통해 클라우드 기반 AI 판독 서비스를 구독형으로 제공하며, 병원은 구독료를 지불하고 최신 AI 기능을 지속적으로 활용할 수 있다. 이 외에도, 연구 및 데이터 라이선스 사업을 통해 의료 기관 및 연구소에 AI 학습용 데이터와 알고리즘을 제공함으로써 추가 수익을 창출하고 있다.

투자 유치 성과와 성장 전망

루닛은 2014년 설립 이후, 누적 투자 유치 금액이 2000억 원을 초과하는 성과를 달성하며 혁신적인 기술력을 대외적으로 인정받아 왔다. 2022년 7월에는 코스닥 시장에 상장함으로써 본격적인 성장의 발판을 마련했다. 상장 당시 루닛은 약 3000억 원의 기업 가치를 평가받았으며, 이후 지속적인 기술 개발과 해외 시장 확장을 통해 기업 가치를 지속적으로 높여 가고 있다.

인실리코 메디슨: 신약 개발의 게임 체인저

개요와 설립 배경

인실리코 메디슨(Insilico Medicine)은 AI를 활용해 신약 개발의 속도를 획기적으로 단축하고 효율성을 극대화하기 위해 2014년에 설립되었다. 기존의 신약 개발 과정은 지나치게 장기간에 걸치며, 막대한 비용이 소요되고, 성공 확률 또한 극히 낮은 것이 현실이었다. 하나의 신약이 시장에 출시되기까지 평균적으로 10년 이상의 시간이 소요되며, 이 과정에서 발생하는 연구 개발 비용은 수십억 달러에 이른다. 그럼에도 신약 개발의 성공 확률은 10% 미만에 불과한 것으로 나타나고 있다.

인실리코 메디슨은 기존의 방식이 지나치게 느리고 비효율적이라는 점을 인식하고, 데이터와 AI를 활용해 신약 개발의 패러다임을 전환해야 한다는 목표로 AI 기반 신약 개발 플랫폼을 구축했다.

창업자 스토리

인실리코 메디슨의 창업자인 알렉스 자보론코프(Alex Zhavoronkov)는 바이오인포매틱스 및 인공지능 분야에서 국제적으로 인정받는 전문가로서, 특히 AI 기술을 약물 개발에 적용하는 데 선구적인 연구를 수행해 왔다. 그는 2019년, AI가 발견한 약물을 세계 최초로 인간을 대상으로 한 임상 시험 단계에 진입시키는 데 성공해 업계의 주목을 받았다. 자보론코프 박사는 의약품 개발 과정의 혁신과 효율화를 비전으로 삼아 인실리코 메디슨을 설립했으며, 현재까지도 AI 기술과 노화 방지 연구를 포함한 다양한 분야에서 활발한 연구 활동을 이어 가고 있다.

풀고자 한 문제

신약 개발은 오랫동안 과학이라기보다는 확률에 의존하는 과정으로 여겨져 왔다. 새로운 약물을 개발하는 데 실패 확률은 90%에 이르며, 수천 개의 화합물 중 단 하나만이 실제 시장에 도달한다. 이 과정에는 막대한 시간과 비용이 소모되며, 많은 환자가 신약의 혜택을 받기 전에 치료 기회를 잃곤 했다.

이 같은 문제를 해결하기 위해 인실리코 메디슨은 AI

를 신약 개발 프로세스 전반에 도입했다. 생성형 AI와 머신 러닝을 활용해 후보 물질 탐색, 구조 설계, 전임상 시험 계획 수립 등 복잡한 과정을 자동화하고 최적화하는 것이 핵심 전략이었다. 대표적인 예로, 인실리코는 특발성 폐섬유증(IPF) 치료제 INS018_055를 단 46일 만에 설계하고 전임상 단계에 진입했다. 기존 방식으로는 수년이 걸릴 일을 AI가 몇 주 만에 가능하게 한 사례다.

인실리코 메디슨은 자체 개발한 파마AI(Pharma.AI) 플랫폼을 통해 약물 표적 탐색부터 최적 화합물 설계까지의 과정을 통합적으로 자동화했다. 이 플랫폼은 신약 개발의 가장 복잡하고 시간이 많이 드는 단계를 AI로 대체함으로써, 연구자가 반복적인 실험이 아닌 핵심 의사결정에 집중할 수 있도록 지원한다. 이처럼 인실리코 메디슨은 AI를 기반으로 신약 개발의 패러다임을 전환하고 있으며, 그 혁신은 실제 의약품 개발 속도와 효율성 개선으로 이어지고 있다.

핵심 가치와 비즈니스 모델

인실리코 메디슨은 AI를 활용해 신약 개발의 불확실성을 낮추고, 제약사 및 연구 기관이 보다 효율적으로 신약 개발 프로세스를 최적화할 수 있도록 지원하는 것을 핵심 가치로 삼고 있다. 이를 통해 비용 절감, 개발 속도 향상, 성공률 증가, 맞춤형 설루션 제공이라는 네 가지 주요 가치를 실현하고 있다. 특히 AI를 활용한 신약 후보 물질 발굴과 임상 설계 자동화를 통해 기존 대비 개발 기간을 최대 70% 단축할 수 있다. 이를 통해 신약이 더 빠르게 시장에 출시되고, 환자들이 보다 신속하게 치료 옵션에 접근할 수 있게 되었다. 실제 사례로, 인실리코 메디슨은 폐 섬유증 치료제 후보 물질을 18개월 만에 도출했는데, 이는 전통적인 방식보다 현저히 빠른 결과다.

인실리코 메디슨의 비즈니스 모델은 크게 세 가지로 구성된다. 첫째는 'AI 플랫폼 라이선스 모델'로, 제약사나 연구 기관이 인실리코의 파마.AI, 판다오믹스(PandaOmics), 케미스트리42(Chemistry42) 등의 AI 플랫폼을 연간 구독 형태로 사용하는 방식이다. 평균 라이선스 비용은 연 50만~200만 달러 수준이며, 고객의 연구 규모에 따라 차등 적용된다.

둘째는 '공동 연구 및 신약 개발 파트너십 모델'이다. 글로벌 제약사와 협력해 신약 후보 물질을 공동 개발하고, 성공 시 로열티 및 마일스톤 기반 수익을 창출하는 구조다. 계약 규모는 건당 1000만~5000만 달러 수준으로 형성된다.

셋째는 '자체 신약 파이프라인 운영 모델'이다. 인실리코 메디슨이 자체적으로 신약 후보 물질을 발굴하고 전임상 및 임상 단계를 진행한 후, 신약 승인 시 기술 이전(License-out) 방식으로 제약사에 판매하는 방식이다.

투자 유치 성과와 성장 전망

인실리코 메디슨은 AI 기반 신약 개발 시장에서 선도적인 입지를 구축하며, 2021년 소프트뱅크 비전 펀드와 치밍 벤처 파트너스로부터 4억 달러 이상의 투자를 유치했다. 이는 AI 신약 개발 기업 중 최대 규모의 투자 사례 중 하나로, 인실리코 메디슨의 기술력과 시장 잠재력을 보여 주는 사례로 평가된다.

또 인실리코 메디슨은 AI가 발굴한 신약 후보 물질을 실제 임상 시험 단계에 진입시켰으며, 섬유화 치료제 후보는 글로벌 제약사와의 협력을 통해 임상 연구를 시작했다. 이는 AI 기반 신약 개발이 실질적으로 작동함을 입증한 사례로 주목받는다.

기존 신약 개발 방식이 시간과 비용 측면에서 비효율적인 반면, 인실리코는 AI를 통해 개발 속도와 정확도를 높이고 비용을 절감하는 혁신을 이끌고 있다. 향후에는 자체 AI 플랫폼 고도화와 글로벌 제약사와의 협력 강화를 통해 다양한 질환 영역으로 신약 개발을 확장할 계획이다.

참고문헌

서일(2021). 인실리코, IPF 약물 “발굴→임상진입, 단 18개월”. 한국보건산업진흥원, https://www.khidi.or.kr/board/view?boardStyle=&categoryId=&continent=&country=&linkId=48867015&maxIndex=99999999999999&menuId=MENU01817&minIndex=99999999999999&no1=0&pageNum=1&rowCnt=10&schText=&schType=0&upDown=0

인실리코 메디슨. https://insilico.co.kr/

Insilico Medicine(2023.7.22). Insilico Medicine nominates preclinical candidate of inhalation solution for ISM001-055, the first generative AI IPF Drug *PR Newswire*.

Insilico Medicine(2024.1.5). Menarini Group and Insilico Medicine enter global licensing agreement for novel KAT6 inhibitors targeting hormone-sensitive cancers. *PR Newswire*, https://www.prnewswire.com/in/news-releases/menarini-group-and-insilico-medicine-enter-global-exclusive-license-agreement-for-novel-kat6-inhibitor-for-potential-breast-cancer-treatment-and-other-oncology-indications-302026491.html

Insilico Medicine(2024.11.12). Insilico Medicine announces positive topline results of ISM001-055 for the treatment of idiopathic pulmonary fibrosis (IPF) developed using generative AI. Insilico.com, https://insilico.com/news/tnik-ipf-phase2a

Lunit(2023.7.3). Lunit's AI-powered lung cancer screening solution significantly affects radiologists' diagnostic determination - published in Radiology, https://www.lunit.io/en/company/news/lunits-ai-powered-lung-cancer-screening-solution-significantly-affects-radiologists-diagnostic-determination---published-in-radiology?utm_source=linkedin&utm_medium=feed&utm_campaign=news&utm_content=radiology

News-Medical(2025.2.25). Insilico Medicine reaches preclinical milestone in MASH drug discovery, https://www.news-medical.net/news/20250225/Insilico-Medicine-reaches-preclinical-milestone-in-MASH-drug-discovery.aspx

Salehi, F.(2024). The transformative role of artificial intelligence in the healthcare industry: A comprehensive analysis. *Asian Journal of Research in Medicine and Medical Science, 6*(1), pp.62-70.

07
금융 분야의 AI 스타트업

금융은 예측의 게임이며, AI는 그 판도를 바꾸고 있다. 방대한 데이터를 처리해야 하는 금융 산업은 AI의 도입으로 정밀하고 신속한 의사 결정이 가능해졌다. AI는 신용 평가, 투자 전략, 리스크 관리, 고객 응대 등에서 데이터를 실시간 분석하고, 인간보다 빠르고 정확하게 대응한다. 과거에는 불가능했던 수준의 자동화와 분석 능력이 이제는 현실이 되었으며, 금융업계에서 AI는 더 이상 선택이 아닌 필수로 자리 잡고 있다.

AI와 운동주?

금융 산업을 바꾸는 AI 스타트업

AI 기술은 금융 산업의 지형을 근본적으로 변화시키고 있다. 전통적인 금융 서비스의 한계를 극복하는 과정에서 AI 스타트업들이 중심 역할을 수행하고 있으며, 금융의 핵심이라 할 수 있는 '예측'의 정밀도를 AI가 한층 끌어올리고 있다.

과거의 신용 평가는 소득과 직장 정보에 의존했다. 그러나 오늘날 AI는 온라인 행동, 소비 패턴, 소셜 미디어까지 분석해 보다 정확하고 공정한 평가를 가능하게 하고 있다. 이는 단순히 대출 승인 비율을 높이는 것을 넘어, 금융 소외 계층에게도 새로운 기회를 제공한다.

투자와 고객 관리 역시 예외는 아니다. AI 기반 로보어드바이저(robo-advisor: 로봇을 의미하는 'robo'와 투자 자문 전문가인 'advisor'의 합성어)는 사용자의 성향과 목표를 학습해 맞춤형 포트폴리오를 제안하고, 챗봇은 실시간 고객 응대는 물론 간단한 금융 조언까지 제공한다. 이는 고객 만족도를 높이는 동시에 금융 기관의 운영 효율성 또한 제고하는 데 기여하고 있다.

시장 분석 속도 역시 주목할 만하다. 퀀트 투자 스타트업들은 AI를 활용해 실시간 데이터 학습과 감정 배제 알고리즘 트레이딩을 통해 빠르고 일관된 투자 결정을 수행한다. 빠른 속도와 일관성으로 AI는 이미 금융 시장에서 필수적인 도구로 자리매김하고 있다. 이런 흐름 속에서 금융 AI 스타트업들은 신용 평가, 자산 관리, 투자 전략 등 다양한 분야에서 혁신을 주도하고 있으며, 기존 금융 기관과 협업해 시장에서의 영향력을 점차 확대해 나가고 있다.

업스타트: 데이터로 신용을 재구성하다

개요와 설립 배경

업스타트(Upstart)는 2012년 캘리포니아 샌머테이오(San Mateo)에 설립한 AI 기반 핀테크(FinTech) 기업이다. 기존 금융 기관이 고수하던 신용 평가 방식에 문제를 제기하고, 인공지능과 머신 러닝을 활용해 보다 정교한 대출 평가 시스템을 구축하고자 했다.

전통적인 신용 평가 모델은 파이코(FICO, fair isaac corporation: 미국 내 가장 널리 사용되는 신용 평가 점수 체계) 점수 등 과거 금융 이력에만 의존했다. 그러나 업스타트는 학력, 전공, 직업, 소득, 근무 경험 등 비전통적 데이터를 반영해 보다 공정하고 효율적인 신용 평가 모델을 개발했다. 그 결과 금융 접근성이 확대되었고,

기존 금융 기관보다 낮은 리스크로 더 많은 소비자에게 대출 승인이 가능해졌다.

창업자 스토리

업스타트의 시작은 기술과 금융, 사용자 경험의 최전선에서 활동하던 세 사람이 만나, 기존 금융 시스템의 문제를 해결하려는 목표 아래 힘을 모으면서 비롯되었다.

데이브 지루아드(Dave Girouard)는 구글에서 기술이 기업에 미치는 영향을 경험했고, 이후 기술로 금융 접근성을 높이는 데 관심을 가졌다. 애나 카운슬맨(Anna Counselman)은 지메일 운영 경험을 바탕으로, 대출 과정을 간소화하고 사용자 중심 금융을 구현하고자 했다. 폴 구(Paul Gu)는 예일대를 중퇴하고 틸 펠로십(Thiel fellowship)을 받은, 숫자에 강한 금융 공학 부문의 역량을 지니고 있었는데, 신용 이력이 부족해 불이익을 겪은 경험을 바탕으로, 수학과 알고리즘으로 더 공정한 평가 시스템을 만들고자 했다.

이 세 사람은 각자의 경험을 가지고 하나의 문제에 집중했다. '지금의 신용 평가 시스템은 공정한가?' 그리고 이들은 새로운 시스템을 만들기로 결심했다. 파이코 점수 하나에 인생이 좌우되지 않도록, 사람의 가능성을 숫자가 아닌 데이터 전체로 평가할 수 있도록. 그렇게 탄생한 것이 바로 업스타트의 AI 기반 신용 평가 시스템이다.

풀고자 한 문제

업스타트가 주목한 문제는 기존 신용 평가 시스템이 신용 이력에 과도하게 의존한다는 점이었다. 특히 미국에서는 파이코 점수와 과거 금융 이력이 대출 승인과 금리를 결정하는 핵심 기준이었고, 이는 신용 이력이 부족한 청년이나 사회 초년생에게 불리하게 작용했다. 공동 창업자 폴 구 역시 대학을 갓 졸업했을 당시, 신용 카드 사용 기간이 짧다는 이유로 대출을 거절당하거나 높은 금리를 제시받은 경험이 있었다.

문제는 이러한 사례가 개인의 문제에 국한되지 않는다는 점이다. 미국인의 약 절반만이 우대 금리를 받을 수 있는 신용 등급을 보유하고 있으며, 반면 80%는 실제로 연체 이력이 없다는 통계는 현 시스템이 신용 우수 소비자들을 과소평가하고 있음을 보여 준다. 업스타트는 이를 "신용 평가의 나쁜 수학(bad math)"이라 지적하며, AI를 기반으로 한 "더 나은 수학(better math)"을 대안으로 제시했다.

업스타트의 AI 신용 모델은 학력, 전공, 직장 정보, 재무 행태, 온라인 활동 등 수천 개의 데이터를 종합 분석해 차용자의 상환 능력을 예측한다. 이 접근은 단순한 신용 점수 이상으로 개인의 미래 소득과 고용 안정성을 고려한다. 예를 들어, 좋은 대학을 졸업하고 유망한 직장에 입사한 사회 초년생은 신용이 짧더라도 우량 고객이 될 가능성이 높다는 가정을 데이터로 입증하고자 했다.

핵심 가치와 비즈니스 모델

업스타트의 AI 기반 신용 평가 모델은 단순한 대출 심사 자동화 기술이 아니다. 이 모델은 금융의 문턱을 낮추고, 그동안 외면받았던 수많은 이에게 새로운 기회를 제공하는 하나의 사회적 실험이기도 하다. 업스타트가 던진 질문은 단순하지만 강력했다. “신용 없는 청년은 정말로 위험한 고객일까?” 이 물음에 대한 답을 AI와 데이터로 찾아낸 것이 바로 업스타트의 핵심 전략이다.

실제로 업스타트가 창출한 결과는 주목할 만하다. 기존보다 훨씬 더 다양한 측면의 데이터를 활용한 AI 신용 모델을 도입했을 때, 신용 기록이 부족했던 계층의 승인율은 거의 두 배 가까이 높아졌다. 이는 곧 신용 점수만으로는 드러나지 않던 양질의 고객을 발굴할 수 있음을 의미하며, 특히 청년층이나 신용 이력이 부족한 금융 소의 계층에게 큰 기회를 제공한다는 의미다.

업스타트는 은행처럼 직접 대출을 실행하지 않는다. 대신 플랫폼을 통해 금융 기관과 고객을 연결하며, 이 과정에서 다양한 방식으로 수익을 창출한다. 가장 큰 수익원은 대출 중개 수수료다. 대출이 성사되면 금융 기관으로부터 평균 3%에서 5%의 수수료를 받는다. 이 외에도 업스타트는 플랫폼 사용료를 통해 안정적인 매출을 확보하고 있다. 업스타트의 AI 신용 평가 시스템을 활용하는 금융 기관은 연간 50만에서 200만 달러의 사용료를 지불하는데, 보다 정교한 신용 평가를 통해 승인율을 높이고 리스크를 줄일 수 있다는 점에서 이 비용을 감수한다.

또한 업스타트는 차용자의 리스크를 분석해 주는 서비스를 제공하고, 이에 대한 별도 서비스 이용료를 부과하고 있다. 일부 대출은 직접 투자하거나 보유해 이자 수익을 얻기도 한다. 2021년에는 자동차 대출 시장으로 사업을 확장했고, 최근에는 주택 담보 대출과 소액 대출 영역까지 포트폴리오를 넓히며 빠르게 성장 중이다.

투자 유치 성과와 성장 전망

업스타트의 데이터 기반 신용 평가 모델은 금융업계에

서 빠르게 주목을 받았으며, 설립 초기부터 유력한 투자자들의 관심을 끌었다. 미국 NBA 댈러스 매버릭스의 구단주이자 투자자인 마크 큐반(Mark Cuban), 구글 전 최고경영자(CEO) 에릭 슈밋(Eric Schmidt), 세일즈포스 CEO 마크 베니오프(Marc Benioff) 등 실리콘 밸리의 대표적인 인물들이 업스타트의 가능성에 투자자로 참여했다. 2020년 나스닥 상장 이후 업스타트의 주가는 한때 390달러까지 상승했으며, 시가 총액은 200억 달러를 돌파하며 단숨에 핀테크 유니콘 대열에 올랐다. 2024년 기준, 누적 대출 금액은 약 3200억 달러에 달하며, 100개 이상의 금융 기관과 파트너십을 체결하고 있다.

업스타트의 경쟁력은 두 가지로 요약된다.

첫째, 축적된 데이터와 알고리즘이다. 수백만 건의 대출 및 상환 데이터를 기반으로 AI 모델의 정교함을 높였으며, 특허와 지식 재산권을 통해 높은 진입 장벽을 구축하고 있다. 결과적으로 낮은 손실률과 높은 승인율을 유지하며 금융 기관의 신뢰를 확보했다.

둘째는 비즈니스 포지셔닝이다. 업스타트는 금융 기관을 직접 대체하기보다는 그들의 기술 파트너로 포지셔닝함으로써 경쟁보다는 협업을 유도한다. 이 접근 방식은 업스타트를 '적'이 아닌 '조력자'로 인식하게 하며,

파트너사 확보에 압도적인 확장성을 제공한다. 이미 100곳 이상의 금융 기관과 네트워크를 구축한 업스타트는 새로운 금융 상품이나 기술을 출시할 때 이러한 포지셔닝 전략을 적극적으로 활용할 수 있으며, 이는 업스타트의 사업 확장 속도를 가속화하는 원동력이 되고 있다.

요코이: AI 기반 지출 관리 혁신 비즈니스

개요와 설립 배경

2019년, 스위스에서 출발한 요코이(Yokoy)는 "기술이 이토록 발전했음에도, 기업의 지출 관리는 왜 여전히 복잡할까?"라는 문제의식에서 시작했다. 초기에는 '익스펜스 로봇(Expense Robot)'이라는 이름으로 시작했으나, 이후 '요코이'로 사명을 변경했다.

요코이의 목표는 단순한 자동화를 넘어, 기업의 지출 프로세스를 전면적으로 혁신하는 데 있다. 기업이 데이터를 보다 효과적으로 관리하고, 불필요한 지출을 줄이며, 조직 내 의사 결정을 내리는 데 기여할 수 있는 서비스를 선보이고 있다.

창업자 스토리

2019년, 스위스 취리히에 다섯 명의 창업자가 모였다. 서로 다른 배경을 지닌 이들은 기술로 지출 관리의 어려움을 해결하겠다는 목표 아래 요코이를 설립했다. CEO 필립 살리(Philippe Sahli)는 UBS 은행과 EY(Ernst & Young)에서 회계 및 경영 컨설팅을 수행하면서, 수백 건의 종이 영수증을 직접 정리하고 검토해야 하는 비효율적인 절차를 경험했다. 회계 연말 정산에 수 주가 소요되는 현실에 대해 그는 '왜 이 모든 과정이 아직도 수작업일까?'라는 의문을 품게 되었고, 이 질문이 요코이의 출발점이 되었다.

CTO 데비스 루시(Devis Lussi)는 ETH 취리히 공대와 유럽입자물리연구소(CERN)에서 AI 및 데이터 기술을 연구한 기술 전문가였으며, CFO 토마스 인헬더(Thomas Inhelder)는 KPMG에서 회계사로 근무하며 숫자에 강점을 지닌 인물이었다. CCO 라스 망겔스도르프(Lars Mangelsdorf)는 스타트업 현장에서 SaaS(Software as a Service: 서비스형 소프트웨어) 제품을 성공적으로 개발한 경험이 있었고, CMO 멜라니 가브리엘(Melanie Gabriel)은 세인트갈렌대학교 경영학 석사 출신으로 핀테크 업계에서 마케팅 전략가로 활약했다. 이처럼 기술,

회계, 운영, 마케팅 등 다양한 전문성과 문제의식이 결합하면서, 요코이는 단순한 경비 관리 도구를 넘어 '기업의 지출을 재설계하는' 비즈니스를 선보이게 되었다.

풀고자 한 문제

요코이 창업 당시, 대부분의 기업은 여전히 종이 영수증과 수기 입력에 의존하거나 복잡한 ERP(enterprise resource planning: 전사적 자원 관리) 시스템 내에서 비효율적인 프로세스를 반복하고 있었다. 글로벌 회계 · 컨설팅 리더인 딜로이트(Deloitte)의 조사에 따르면, 당시 직원 1명이 연간 지출 관리에 소요하는 시간은 40시간을 초과했다. 특히 중소기업들은 자동화 설루션 도입에 어려움을 겪고 있었는데, 이는 높은 가격이 진입 장벽으로 작용하고 있었기 때문이다. 요코이는 이러한 틈새시장을 공략했다. 대기업뿐만 아니라 중소기업도 쉽게 접근할 수 있는 AI 기반 지출 관리 플랫폼을 제공함으로써, 모든 규모의 기업이 비용 통제와 재무 건전성을 확보할 수 있는 서비스를 내놓은 것이다.

핵심 가치와 비즈니스 모델

요코이는 "AI와 사람이 나란히 일한다"는 철학을 중심에

두고 있다. 기술이 사람을 대체하는 것이 아니라, 함께 일하며 더 나은 결정을 내리는 도구가 되어야 한다는 것이 요코이의 생각이다. 요코이는 기술이 아니라 사람에게 먼저 접근했다. 수십 개에 달하는 기업의 재무 담당자와 직접 인터뷰를 진행해 실질적인 문제를 수집했고, 이를 바탕으로 고객 맞춤형 자동화 설루션을 설계했다. 파일럿 프로젝트를 통해 현장 피드백을 즉각 반영했으며, 반복적인 입력, 승인, 보고서 작성 업무를 자동화함으로써 최대 80%까지 업무 시간을 절감할 수 있도록 했다. 이러한 노력은 요코이가 '기술을 판매하는 기업'이 아니라 '문제를 해결하는 파트너'로서 가치를 제공하기 위한 것이었다.

이와 같이 요코이의 AI 설루션은 기업 재무 팀의 전략적 역할 강화를 지원하며, 핵심 가치는 자동화, 투명성, 효율성이다. AI 기반 OCR(optical character recognition: 광학 문자 인식) 기술을 통해 영수증과 송장을 자동 인식 · 분류하며, 실시간 회계 연동으로 데이터 입력 오류를 줄이고 업무 효율을 높인다. 반복 작업에서 벗어난 재무 팀은 분석과 의사 결정에 집중할 수 있다. 또한 요코이 시스템은 보안 기능도 갖추고 있다. 이상 지출 패턴을 감지하고 의심 거래를 자동으로 식별하며, 법인 카드 사용 시 사용 한도액을 초과할 경우 초과 알림과 승인 절차가 즉시 작동해 사기 거래 예방에 기여한다.

요코이의 비즈니스 모델은 구독 기반이다. 일반적으로 사용자 수에 따라 월 요금이 책정되며, 초기 도입 시에는 설정과 연동을 위한 별도 비용이 발생한다. 대기업의 경우 장기 계약이나 맞춤형 개발 요청 시 추가 요금이 부과된다.

투자 유치 성과와 성장 전망

요코이는 설립 초기부터 빠르게 투자를 유치하며 주목을 받았다. 시리즈 A 단계에서 2600만 달러를 확보한 데 이어, 2022년에는 세쿼이아 캐피털 등 주요 투자사로부터 8000만 달러 규모의 시리즈 B 투자를 성공적으로 유치했다. 이를 통해 유럽 전역으로 사업을 확장하고, AI 기반 지출 관리 플랫폼 고도화에 집중했다.

2025년 1월, 요코이는 글로벌 비즈니스 여행 플랫폼 트래블퍼크(TravelPerk)에 인수되며 전환점을 맞이했다. 트래블퍼크는 요코이의 AI 기술을 자사 플랫폼에 통합해 서비스 완성도를 높였으며, 2억 달러 규모의 시리즈 E 투자도 함께 유치했다. 해당 자금은 미국 시장 확대와 AI 기술 고도화에 활용될 예정이다.

참고문헌

도깨비사장(2022.5.4). 기존 신용평가의 한계를 없앨 AI 대출, 업스타트 Upstart(NASDAQ: UPST). 도깨비 VC, https://dokebi-vc.tistory.com/89

이자하(2024.12.3). Upstart(UPST): 더 이상 '모 아니면 도'가 아닌 어엿한 금리인하 수혜주. 바바리안 리서치, https://contents.premium.naver.com/barbarian/stockideas/contents/241203182346884cx

El-Shihy, D., et al.(2024). The influence of AI chatbots in fintech services on customer loyalty within the banking industry. *Future of Business Administration, 3*(1), pp.16-28.

Pazouki, S., et al.(2025). Transformative Impact of AI and Digital Technologies on the FinTech Industry: A Comprehensive Review. *International Journal of Advanced Research in Humanities and Law, 2*(2), pp.1-27.

Upstart Holdings Inc.(2025.1.8). Sandia Area Federal Credit Union selects Upstart for personal lending. Upstart Newsroom, https://ir.upstart.com/news-releases/news-release-details/sandia-area-federal-credit-union-selects-upstart-personal/

Upstart Holdings Inc.(2025.1.14). Upstart to report fourth quarter and full year 2024 earnings on Feb. 11, 2025. Upstart Newsroom, https://ir.upstart.com/news-releases/news-release-details/upstart-report-fourth-quarter-and-full-year-2024-earnings-feb-11/

Upstart Holdings Inc.(2025.1.15). Upstart unveils enhanced

showroom and auto financing solutions that boost dealership sales, elevate customer experience. Upstart Newsroom, https://ir.upstart.com/news-releases/news-release-details/upstart-unveils-enhanced-showroom-and-auto-financing-solutions/

Upstart Holdings Inc.(2025.1.22). Pelican State Credit Union selects Upstart for personal lending. Upstart Newsroom, https://ir.upstart.com/news-releases/news-release-details/pelican-state-credit-union-selects-upstart-personal-lending/

Upstart Holdings Inc.(2025.2.19). Holyoke Credit Union selects Upstart for personal lending. Upstart Newsroom, https://ir.upstart.com/news-releases/news-release-details/holyoke-credit-union-selects-upstart-personal-lending/

Yokoy(2023.11.5). Yokoy listed as a sample vendor in the Gartner® Hype Cycle™ for procurement and sourcing solutions, 2023. Yokoy Newsroom, https://yokoy.io/news/press-release-yokoy-gartner-hype-cycle-procurement-sourcing-solutions-sample-vendor-2023/

Yokoy(2024.11.25). What's new in Yokoy: November 2024. LinkedIn, https://www.linkedin.com/pulse/whats-new-yokoy-november-2024-yokoy-7zo3e?trk=news-guest_share-article

Yokoy(2025). Yokoy pricing, reviews & features. Capterra Canada, https://www.capterra.com/p/215096/Yokoy/

Yokoy. https://www.yokoy.ai/

08
문화 분야의 AI 스타트업

AI가 문화 창작의 판을 바꾸고 있다. 기술과 예술이 만나는 지점에서, AI는 이제 단순한 도구를 넘어 창작의 동반자로 자리매김했다. 영화, 음악, 게임 제작에 수개월이 걸리던 작업이 이제는 AI의 힘으로 단기간 내에 구현 가능해졌으며, 시나리오 분석, 작곡, 그래픽 생성 등 다양한 창작 단계에서 인간 창작자와 AI가 긴밀히 협업하고 있다. 이러한 기술적 진보는 단순한 자동화를 넘어, 예술과 기술의 경계를 허무는 창의적 혁신으로 평가받고 있다.

AI와 한의학?

문화 산업을 바꾸는 AI의 힘

AI 스타트업은 문화 산업의 창작, 유통, 소비 방식 전반에 걸쳐 변화를 주도하고 있다. 특히 영화, 음악, 게임 등 콘텐츠 분야에서는 AI가 보조 도구를 넘어 공동 창작자의 역할을 수행하는 단계에 이르렀다.

콘텐츠 제작 측면에서 AI는 영화 각본 작성, 게임 그래픽 자동 생성, 영상 편집 및 특수 효과 구현 등 다양한 기능을 수행하고 있다. 넷플릭스는 AI 기반 추천 시스템뿐만 아니라 콘텐츠 제작 전반에 AI 기술을 적극 도입하고 있다.

음악과 음성 콘텐츠 분야에서도 AI의 역할은 확대되고 있다. AI는 작곡, 음성 합성, 오디오북 제작을 자동화하며, 가상 가수의 등장은 음악 산업 내 새로운 영역을 창출하고 있다. 이와 함께 음성 기반 콘텐츠 제작은 더욱 빠르고 다양화되며, 새로운 창작자 집단 형성으로 이어지고 있다.

개인화된 사용자 경험 제공 역시 AI의 주요 기능 중 하나다. 사용자의 취향을 실시간으로 분석해 맞춤형 콘텐츠를 추천하며, 인터랙티브 콘텐츠에서는 사용자 선택에 따라 스토리 전개가 달라지는 몰입형 미디어 경험을 구현하고 있다. 이처럼 AI는 단순한 기술을 넘어 문화 산업을 재구성하는 창의적 파트너로 자리매김하고 있다.

런웨이 AI: 창작의 새로운 경제를 설계하다

개요와 설립 배경

런웨이(Runway AI)는 크리에이터 중심의 생성형 AI 플랫폼 구축을 목표로 2018년 미국 뉴욕에서 설립한 스타트업이다. 창업자들은 기술적 지식이 부족한 일반 크리에이터들도 최신 AI 기술을 손쉽게 활용해 창의적인 콘텐츠를 제작할 수 있는 환경 조성을 목표로 했다. 이를 위해 런웨이는 직관적이고 간단한 노코드(no-code: 프로그래밍 지식 없이도 웹사이트, 앱, 데이터 관리 시스템 등을 개발할 수 있도록 도와주는 기술) 환경을 통해 누구나 영상, 이미지, 오디오 등 다양한 미디어 콘텐츠를 생성하고 편집할 수 있도록 지원하는 플랫폼을 개발했으며, 다양한 산업 분야에 AI 기반 콘텐츠 제작 도구를 제공하고 있다. 특히 영화, 텔레비전, 비디오 게임, 광고 등 전통적인 미디어 시장뿐 아니라, 유튜브, 틱톡, 인스타그램 등 디지털 플랫폼에서 활동하는 온라인 창작자들에게도 AI를 활용한 콘텐츠 제작 설루션을 제공하고 있다.

창업자 스토리

런웨이는 세 명의 창업자가 설립했다. 칠레 출신의 크리스토발 발렌수엘라(Cristobal Valenzuela)과 알레한드로 마타말라(Alejandro Matamala), 아나스타시스 게르마니디스(Anastasis Germanidis)는 뉴욕대학교 티시 예술대학원에서 인연을 맺었다. 영화와 기술을 융합한 새로운 창작 방식을 고민하던 이들은 예술가들이 쉽게 접근할 수 있는 생성형 AI 도구를 만들고자 하는 공동의 목표 아래 런웨이를 설립했다.

이들의 아이디어는 발렌수엘라의 석사 논문 프로젝트에서 출발했다. "복잡한 머신 러닝 모델을 비전문가도 쉽게 사용할 수 있도록 하자"는 비전은 곧 창업으로 이어졌고, 세 사람은 대기업의 제안을 거절한 채 직접 제품 개발에 착수했다. 발렌수엘라는 인터랙티브 텔레커뮤니케이션 프로그램(interactive telecommunications program: ITP) 출신으로, AI를 예술과 디자인에 접목하는 실험을 꾸준히 수행해 왔으며, 당시 복잡한 AI 도구들이 크리에이터에게 장벽으로 작용하고 있다는 점을 절실히 인식했다. 그는 "AI는 강력하지만, 너무 어렵다. 누구나 쉽게 창의적으로 사용할 수 있는 도구가 필요하다"는 문제의식을 바탕으로 플랫폼 구축에 주력했다.

풀고자 한 문제

런웨이가 풀고 싶었던 주요 과제는 AI 기술에 대한 '거리감'이었다. 당시 AI는 고도로 복잡한 기술로 인식되었으며, 예술가나 독립 창작자들이 직접 활용하기에는 진입장벽이 높았다. 이에 런웨이는 직관적인 인터페이스를 제공하고, 전문 지식 없이도 AI를 활용한 콘텐츠 제작이 가능하도록 접근성을 향상했다.

두 번째 과제는 시간과 비용 문제였다. 기존 영상 제작은 많은 자원과 시간이 요구되었으나, 런웨이는 AI 자동화를 통해 제작 효율을 높였다. HBO와 넷플릭스는 이를 활용해 제작 기간 단축과 비용 절감을 달성했다.

기존 미디어 산업의 느린 기술 수용 속도도 과제였다. 런웨이는 개방형 플랫폼을 통해 창작자들이 AI를 실험적으로 활용하게 했으며, 디지털 아트와 패션쇼 등 다양한 분야에서 새로운 미디어 생태계를 제시했다.

핵심 가치와 비즈니스 모델

런웨이는 단순한 AI 소프트웨어를 넘어, 창작자에게 새로운 형태의 예술적 자유를 제공하는 것을 목표로 한다. 이들의 핵심 가치는 창의성 증폭, 접근성 향상, 기술 혁신으로 요약된다. 복잡한 영상 편집 작업을 자동화하고,

원하는 스타일을 쉽게 구현할 수 있도록 지원함으로써 더 많은 이들이 아이디어를 실현할 수 있도록 돕는다.

비즈니스 모델은 구독 기반과 B2B(business to business: 기업 대 기업) 파트너십의 두 축으로 운영된다. 일반 사용자는 월별 요금제(기본 무료, 유료는 월 12~76달러)를 통해 크레디트를 구매해 AI 도구를 사용할 수 있다. 이 구조는 다양한 창작자에게 경제적 부담을 줄이면서 고품질의 제작 환경을 제공한다. 2023년 기준 런웨이의 연간 반복 매출(annual recurring revenue: ARR)은 약 2500만 달러에 달하며, 빠른 성장세를 보이고 있다.

투자 유치 성과와 성장 전망

런웨이는 생성형 AI 분야에서 빠르게 성장하며, 누적 투자 금액 2억 달러를 돌파했다. 2022년 시리즈 C 투자에는 코투 매니지먼트, 앰플리파이 파트너스, 펠리시스 벤처스 등이 참여했다. 2024년 말 기준, 기업 가치는 40억 달러로 평가되었다. 향후 런웨이는 아시아와 유럽 시장 진출을 계획하고 있으며, 미디어·엔터테인먼트를 넘어 교육, 광고, 게임, 메타버스 등으로 사업 영역을 확대할 예정이다.

수노: 음악 창작의 미래를 보여 주다

개요와 설립 배경

음악 산업은 오랫동안 전문가와 대형 레이블 중심의 폐쇄적인 영역으로 여겨져 왔다. 작곡, 편곡, 녹음 등 창작의 전 과정은 높은 기술력과 경제적 자원을 요구하며, 많은 이가 자신의 아이디어를 음악으로 구현하는 데 한계를 느껴야 했다. 이러한 창작 장벽을 허물고자 2023년 설립된 수노(Suno)는 AI 기반 작곡 · 편곡 · 보컬 합성 기술을 통해 텍스트 입력만으로도 누구나 손쉽게 음악을 만들 수 있는 새로운 창작 환경을 제시했다.

사용자가 분위기나 감성을 입력하면, 수노의 AI는 이에 부합하는 음악을 자동으로 생성한다. 다양한 장르와 스타일을 반영할 수 있도록 기술 개발이 지속적으로 이루어지고 있으며, 초보자도 전문가 수준의 고품질 음악을 제작할 수 있도록 지원한다. 수노는 단순한 음악 제작 도구를 넘어, 창작의 대중화를 실현하는 플랫폼으로 기능하고 있다.

창업자 스토리

음악 AI 스타트업 수노의 창업자들은 음악 분야 출신이 아니다. 이들은 금융 AI 분석 스타트업 켄쇼(Kensho)에서 경험을 쌓은 데이터 전문가들로, 마이키 슐만(Mikey Shulman), 게오르그 쿠츠코(Georg Kucsko), 마틴 카마초(Martin Camacho), 키넌 프레이버그(Keenan Freyberg) 등은 심리학, 경영학, 컴퓨터 공학 등 다양한 배경을 보유하고 있다. 이들은 금융 시장 예측에 활용되던 AI의 패턴 분석 능력이 음악 창작에도 적용될 수 있다는 점에 주목했다.

금융 시장과 음악은 모두 패턴에 기반을 두고 있다. 작곡가가 기존 음악을 참고해 새로운 곡을 창작하듯, AI 역시 데이터를 학습함으로써 창의적인 결과를 생성할 수 있다는 것이 이들의 핵심 아이디어였다. 이러한 인식을 바탕으로 수노는 AI를 단순한 보조 도구가 아닌 창작의 주체로 활용하는 새로운 접근을 시도했다.

풀고자 한 문제

음악 산업은 오랜 기간 높은 진입 장벽을 유지하며, 소수의 전문가와 대형 음반사가 시장을 주도해 왔다. 기술과 장비, 인력에 대한 높은 비용은 독립 창작자들의 참여를 제한했으며, 그 결과 음악 시장은 다양성이 부족하고 보수적인 형식에 머무는 경우가 많았다. 특히 광고, 영상,

게임, 팟캐스트 등 음악이 필요한 콘텐츠 산업에서도 제작 비용, 시간, 저작권 문제로 인해 창작의 자유가 제약받는 상황이 지속되었다.

수노는 누구나 손쉽게 음악을 제작할 수 있도록 노코드(no-code) 기반 인터페이스를 제공하며, 음악적 전문 지식 없이도 직관적인 작곡이 가능하도록 설계되었다. 클라우드 기반 웹 환경에서 작동하는 수노는 유튜버, 인플루언서, 소규모 크리에이터에게 특히 유용하며, 시간과 공간의 제약 없이 음악 제작이 가능하도록 지원한다.

핵심 가치와 비즈니스 모델

수노는 단순히 음악을 빠르게 제작하는 도구를 넘어, 창작의 민주화를 실현하고 있다. AI를 통해 음악 제작의 장벽을 허물고, 더 많은 이가 창작자가 될 수 있는 환경을 조성하는 것이 수노가 해결하고자 하는 문제이자, 그들이 구축하고 있는 새로운 음악 생태계의 핵심이다.

수노의 수익 모델은 무료 체험을 기반으로 한 구독제와 기업 대상 맞춤형 설루션으로 구성된다. 베이직 요금제는 기능이 제한된 무료 모델로 사용자 유입을 유도한다. 프로 요금제는 월 구독료를 받고 상업적 사용이 가능하도록 해 유튜버, 1인 창작자 등의 수요를 충족한다. 엔터프라이즈 모델은 기업 고객을 위한 맞춤형 서비스로, 브랜드 음악 제작과 API(application programming interface: 애플리케이션 프로그래밍 인터페이스) 연동 등을 제공한다. 이는 고부가 가치 수익원으로 작용하며, 게임과 광고 분야에서 활용되고 있다.

투자 유치 성과와 성장 전망

수노는 AI 기술을 기반으로 한 혁신을 선보이며 투자자로부터 주목을 받고 있다. 2024년 시리즈 A 투자 라운드에서 5000만 달러를 유치하며 빠른 성장을 이어 가고 있다. 주요 투자자로는 a16z(안드리센 호로위츠), 구글 벤처스(Google Ventures: GV), 라이트스피드 벤처 파트너스(Lightspeed Venture Partners) 등이 있으며, 수노의 기술력과 시장 잠재력에 대한 높은 평가가 이루어졌다.

향후 수노는 AI 음악 제작 시장을 더욱 확대하고, 음악 산업뿐만 아니라 콘텐츠 크리에이터, 기업, 교육 기관 등 다양한 분야에서 활용 가능한 플랫폼으로 발전하는 것을 목표로 한다. 특히 AI 작곡과 보컬의 자연스러움을 개선하고, 사용자 맞춤형 기능을 강화하는 것을 핵심 과제로 삼고 있다.

참고문헌

Kshetri, N.(2024.2.13). The impact of generative AI on Hollywood and entertainment. MIT Sloan Management Review, https://sloanreview.mit.edu/article/the-impact-of-generative-ai-on-hollywood-and-entertainment/

Lowery, C.(2024.10.22). Timbaland becomes strategic advisor to leading AI music company Suno. PR Newswire, https://www.prnewswire.com/news-releases/timbaland-becomes-strategic-advisor-to-leading-ai-music-company-suno-302283573.html

Music Business Worldwide(2024.4.2). Suno is a music AI company aiming to generate $120 billion per year, But is it trained on copyrighted recordings?, https://www.musicbusinessworldwide.com/suno-is-a-music-ai-company-aiming-to-generate-120-billion-per-year-newton-rex/

Music Business Worldwide(2025.2.27). $500m-valued Suno has admitted training AI on copyrighted music. That hasn't stopped Amazon from adding its controversial tech to Alexa, https://www.musicbusinessworldwide.com/500m-valued-suno-has-admitted-training-ai-on-copyrighted-music-that-hasnt-stopped-amazon-from-adding-its-controversial-tech-to-alexa/

Rondenet, K.(2023.6.29). Runway announces $141M in funding to expand multi-modal AI research and product deployment. Business Wire, https://www.businesswire.com/news/home/202306292782

72/en/Runway-Announces-%24141M-in-Funding-to-Expand-Multi-Modal-AI-Research-and-Product-Deployment

Schwartz, E. H.(2024.7.2). Forget Sora, Runway is the AI video maker coming to blow your mind. TechRadar, https://www.techradar.com/computing/artificial-intelligence/forget-sora-runway-is-the-ai-video-maker-coming-to-blow-your-mind

Vincent, J.(2024.5.27). AI music startups say copyright violation is just rock and roll: Suno and Udio admitted to training their models on copyrighted music. The Verge, https://www.theverge.com/2024/8/2/24211842/ai-music-riaa-copyright-lawsuit-suno-udio-fair-use

Wilkes. P. D. & Garry, C.(2024.9.18). Runway partners with Lionsgate in first-of-its-kind AI collaboration. Business Wire, https://www.businesswire.com/news/home/20240918322724/en/Runway-Partners-with-Lionsgate-in-First-of-its-Kind-AI-Collaboration

09
보안 분야의 AI 스타트업

정교해지는 디지털 위협에 맞서 AI는 보안의 패러다임을 바꾸는 열쇠가 될 수 있을까? 최근 사이버 공격 탐지와 이상 징후 분석, 실시간 대응 자동화까지, AI 스타트업들은 능동적이고 정밀한 보안 설루션을 제시하며 빠르게 성장 중이다. 머신 러닝 기반 위협 예측과 사용자 행동 분석은 알려지지 않은 공격도 조기에 식별하며, 더욱 탄탄한 디지털 신뢰 구축을 가능하게 한다. AI가 핵심 역할이 되는 보안 기술의 모습은 지금까지의 보안과 어떻게 다를까?

AI와 화장품?

AI가 지키는 보안의 최전선

AI 스타트업들은 전통적 보안 시스템의 한계를 넘어, 더욱 민첩하고 지능화된 보안 생태계를 구축하고 있다. 과거에는 사전에 정의된 규칙에 따라 위협을 탐지했다면, 오늘날의 AI는 실시간 데이터 분석을 통해 알려지지 않은 공격 유형까지도 스스로 식별하고 대응한다. 정상 활동과 이상 징후를 구별해 해커의 침입을 사전에 차단하는 능력은 AI 보안 기술의 핵심 역량으로 자리 잡고 있다.

특히 AI 기반 보안 시스템은 사이버 공격 발생 전 이상 징후를 사전에 감지하고, 자동으로 방화벽을 강화하거나 사용자 인증 절차를 조정하는 등 즉각적이고 정교한 대응이 가능하다. 이러한 능동적 방어는 고도화되는 보안 위협에 대응하기 위한 필수적 기능으로 부상하고 있다.

최근에는 AI와 블록체인을 융합한 차세대 보안 기술도 각광받고 있다. 블록체인은 데이터 무결성을 확보하고, AI는 트랜잭션을 정밀 분석해 이상 징후를 탐지한다. 이 기술적 결합은 금융, 의료, 스마트 계약 등 다양한 산업에서 신뢰성과 투명성을 강화한 보안 체계 구현을 가능하게 하고 있다.

다크트레이스: AI를 활용한 차세대 사이버 보안

개요와 설립 배경

해커들은 끊임없이 새로운 공격 방식을 개발하고 진화해 온 반면, 전통적인 보안 시스템은 과거 위협 패턴 분석에 주로 의존해 왔다. 다크트레이스(Darktrace)는 이러한 수동적인 보안 패러다임을 전환하고, 보안 분야의 혁신을 지향하고자 2013년 영국 케임브리지에서 설립했다. AI를 기반으로 자율적인 위협 탐지 및 대응 시스템을 제공하며, 네트워크 내 이상 행위를 실시간으로 감지하고 대응할 수 있도록 설계되었다.

다크트레이스는 인간 면역 체계에서 착안해 '엔터프라이즈 면역 시스템(Enterprise Immune System)'을 개발했다. 이 시스템은 네트워크 및 클라우드 환경을 지속적으로 분석하면서, 알려지지 않은 위협을 학습하고 이에 적응한다. 단순한 서명 기반 탐지가 아닌, 행동 기반 이상 탐지를 통해 새로운 유형의 공격까지 차단할 수 있는 점이 주요 특징이다. 현재 다크트레이스는 110개국 이상에서 7000개 이상의 고객사를 확보하고 있으며, 금융, 헬스케어, 제조, 정부 기관 등 다양한 산업 분야에 활용되고 있다.

창업자 스토리

다크트레이스는 기존 보안 시스템이 정교한 사이버 공격에 효과적으로 대응하지 못한다는 문제의식에서 출발했다. 창업자들은 보안 전문가, 데이터 과학자, 국가 정보기관 출신으로, AI를 활용한 자율 보안의 필요성에 공감했다.

포피 구스타브손(Poppy Gustafsson)은 금융권 경험을 바탕으로, 사이버 공격이 기업 신뢰와 재무에 미치는 영향을 통찰하며 경영 전략을 주도했다. 그녀는 단순한 매출 성장보다 AI 기반 보안 기술을 통한 사이버 위협 대응 패러다임 전환에 집중했다. 데이브 파머(Dave Palmer)는 GCHQ, MI5 같은 영국 정보기관에서의 경험을 살려 민간 보안 시스템에 국가 전략을 접목했으며, 실시간 위협 탐지와 사전 대응 중심의 AI 보안 체계를 설계했다. 에밀리 오톤(Emily Orton)은 초기 브랜드 전략과 시장 인식을 구축하며, 다크트레이스의 기술적 차별성과 신뢰성을 전 세계에 알리는 데 기여했다.

이들은 AI를 통해 실시간으로 사이버 위협에 대응하는 새로운 기준을 제시하고자 했으며, 다크트레이스는 이 비전을 바탕으로 전통 보안을 넘어선 AI 기반 보안의 새로운 흐름을 주도하고 있다.

풀고자 한 문제

기존 보안 시스템은 알려진 공격 패턴을 탐지하는 시그니처 기반 방식에 의존해 왔다. 이는 제로데이 공격(zero-day attack: 소프트웨어나 시스템에 존재하는 취약점이 공개되기 전 또는 보안 패치가 적용되기 전에 공격자에 의해 악용되는 공격), 다단계 공격(multi-stage attack: 하나의 공격이 단일 행위로 끝나는 것이 아니라 여러 단계를 거쳐 점진적으로 목표에 도달하는 방식), 내부자 위협 등 예측 불가능한 최신 공격에는 효과가 제한적이었다. 해커들의 수법이 고도화됨에 따라, 정형화된 룰 기반 보안은 탐지에 한계를 드러냈다.

여기에 클라우드 확산과 원격 근무 증가로 인해 보안 경계는 흐려졌으며, 전통적인 방화벽 중심 보안 체계는 클라우드 및 사물 인터넷(internet of things: IoT) 환경에서 발생하는 이상 행위를 감지하기 어려웠다. 다크트레이스는 이러한 한계를 극복하고자 AI 기반 이상 탐지 모델을 도입했다. 네트워크 내 정상적인 활동을 학습하고, 그 패턴을 벗어나는 이상 징후를 실시간으로 탐지하는 방식이다. 이른바 '디지털 면역 체계'로 불리는 이 시스템은 자가 학습을 통해 새로운 위협에 적응하며 진화한다.

특히 '다크트레이스 안티제나(Darktrace Antigena)'는 위협 탐지 시, 사람의 개입 없이 자동으로 대응 조치를 수행한다. 이를 통해 보안 대응 속도를 향상하고, 보안 인력의 부담을 크게 줄였다. 나아가 자율 보안의 새로운 기준을 제시하고 있다.

핵심 가치와 비즈니스 모델

다크트레이스는 AI 기반 보안 설루션을 통해 기업의 보안 대응을 자동화하며, 보안 팀의 부담을 줄이고 전략적 대응에 집중할 수 있도록 지원한다. 실시간으로 이상 징후를 분석하고 즉시 대응하는 AI는 데이터 유출과 시스템 침입을 사전에 차단하며, 규칙 기반 보안보다 빠르고 정교하게 위협을 감지한다. 특히 네트워크의 정상 패턴을 학습해 이상 징후를 조기에 탐지하고, 위협 발생 전에 선제적으로 대응할 수 있는 능동적 보안을 구현한다.

비즈니스 모델은 구독 기반이며, 보안 수준과 기업 규모에 따라 요금제가 구분된다. 기본 패키지(월 3000달러)는 이상 탐지 및 AI 보안 기능을 포함하고, 프로 패키지(월 7500달러)는 클라우드와 이메일 보안을 포함한다. 엔터프라이즈 패키지(월 1만5000달러 이상)는 대규모 환경에 최적화된 통합 보안 설루션을 제공하며, 맞춤형 컨설팅 서비스도 함께 제공한다.

투자 유치 성과와 성장 전망

다크트레이스는 2013년 설립 이후 빠르게 성장하며 글로벌 투자자들의 주목을 받아 왔다. 2021년 런던 증권거래소에 상장해 시가 총액 27억 달러를 기록했고, AI 기반 보안 기술의 가능성을 시장에 입증했다. 설립 초기에는 인보크 캐피탈(Invoke Capital)의 투자를 받았으며, 이후 서밋 파트너스(Summit Partners), 인사이트 파트너스(Insight Partners) 등으로부터 대규모 자금을 유치했다.

특히 2018년 시리즈 E 라운드에서 확보한 7500만 달러는 클라우드 및 IoT 보안 기술 확장에 활용되었고, 2023년에는 미 국방부 및 글로벌 금융 기관과의 협력 논의가 진행되며 기술 신뢰성이 한층 강화되었다. 이러한 협력은 다크트레이스의 AI 보안 기술이 단순한 기업 설루션을 넘어 국가 안보와 전략 산업에까지 영향을 미치는 핵심 자산으로 부상하고 있음을 시사한다.

크라우드스트라이크: AI로 사이버 보안의 판도를 바꾸다

개요와 설립 배경

2000년대 후반, 해커들은 점점 더 정교한 방식으로 기존 보안 체계를 우회하며 공격을 감행했고, 방화벽과 보안 소프트웨어를 강화했음에도 해킹 사고는 오히려 증가했다. 이러한 현상은 사후 대응에 의존하던 전통적 보안 방식의 한계를 여실히 드러냈다.

이러한 문제의식 속에서 2011년, 조지 커츠(George Kurtz)와 드미트리 알페로비치(Dmitri Alperovitch)는 보안의 패러다임 전환을 목표로 크라우드스트라이크(CrowdStrike)를 설립했다. 이들은 "해커보다 한발 앞서 징후를 포착해야 한다"는 철학 아래, 사전 탐지와 능동적 차단을 핵심으로 하는 새로운 보안 체계 구축에 착수했다.

특히 APT(advanced persistent threat: 지능형 지속 위협)와 같은 고도화된 공격에 기존 보안 설루션만으로는 대응이 어렵다는 판단 아래, 크라우드스트라이크는 AI와 클라우드 기반 행동 분석(behavioral analysis)을 결합한 보안 시스템을 제시했다.

창업자 스토리

조지 커츠는 1990년대부터 활동한 보안 전문가이자 전 맥아피(McAfee) CTO(chief technical officer: 최고 기술 관리자)로, 화이트 해커(white hacker: 합법적이고 윤리적인 목적으로 컴퓨터 시스템이나 네트워크의 보안 취약점을 탐지하고 이를 개선하는 데 기여하는 보안 전문가) 출신 인물이다. 그는 기존 보안 시스템이 해킹에 후속 대응만 한다는 점에 회의감을 느꼈으며, 이를 "강도가 집에 들어온 뒤에야 문을 잠그는 격"이라고 비판했다.

공동 창업자인 드미트리 알페로비치 또한 이런 문제의식을 공유했다. 사이버 보안 연구원이던 그는 국가 지원 해커 그룹의 침투 방식이 점차 정교하고 은밀해지고 있음을 포착했고, 단순한 바이러스를 넘어 내부 시스템에 침투해 정보를 유출하는 방식에 주목했다. 이처럼 두 사람은 해킹 발생 이전에 이를 탐지하고 차단하는 AI 기반 보안 기술의 필요성에 공감하며, 크라우드스트라이크를 설립했다.

풀고자 한 문제

2010년대 초반 등장한 APT는 기존 보안 체계에 중대한 위협으로 작용했다. 이 공격 방식은 침입 후 수년간 시스템 내부에 잠복하며 정보를 유출하거나 조작을 시도하는데, 전통적인 백신이나 방화벽만으로는 탐지조차 어려웠다.

크라우드스트라이크는 이 같은 문제에 대응하고자 AI 기반 보안 시스템을 개발했다. 이 시스템은 네트워크 및 사용자 행동을 실시간으로 분석해 이상 징후를 사전에 포착하고, 공격이 실행되기 전에 차단한다. 기존 보안이 악성 코드의 '서명'에 의존했다면, 크라우드스트라이크는 '행동 패턴'에 기반해 위협을 인식하는 방식을 채택했다.

핵심 가치와 비즈니스 모델

크라우드스트라이크는 단순한 보안 소프트웨어를 넘어, 실시간 위협 감지와 선제 대응이 가능한 AI 기반 보안 플랫폼을 제공한다. 기존 시스템이 해킹 발생 이후에야 대응했다면, 크라우드스트라이크는 공격 징후를 실시간으로 포착해 자동으로 차단함으로써 피해를 최소화한다.

크라우드스트라이크는 서비스형 보안(Security as a Service: SECaaS) 모델을 채택해 구독 방식으로 보안 서비스를 제공하며, 엔드포인트(endpoint: 컴퓨터 네트워크에서 최종 사용자 디바이스 또는 네트워크에 연결되는 끝단 장치) 수에 따라 월 8달러부터 18달러 수준의 요금이 책정된다. 기업의 보안 수준에 따라 서비스는 유연하게 확장 가능하며, 전문가의 실시간 탐지 · 대응과 맞춤형 보안 컨설팅, 위협 인텔리전스(threat intelligence: 사이버 공격, 악성 행위자, 취약점, 공격 기법 등에 대한 정보를 수집 · 분석 · 해석해 보안 방어에 활용하는 활동)를 통해 지속적인 보안 강화가 이루어진다.

투자 유치 성과와 성장 전망

크라우드스트라이크는 2012년 시리즈 A에서 2600만 달러를 유치하며 보안 업계의 주목을 받기 시작했다. 이후 2015년 구글 캐피털(현 CapitalG)이 주도한 시리즈 C에서 10억 달러를 확보하며 유니콘 기업으로 부상했고, 2019년 나스닥 상장 당시 기업 가치는 61억 달러를 돌파했다. 상장 첫날 주가는 공모가 대비 63.5% 상승하며 시장의 기대를 입증했다.

2021년 주가는 300달러를 돌파했고, 2025년 4분기 매출은 전년 대비 25% 증가한 10억600만 달러를 기록했다. 연간 반복 매출(annual recurring revenue: ARR)은 42억4000만 달러에 달하며 업계 리더로서의 입지를 강화하고 있다. 투자자 신뢰 역시 높게 유지되고 있다. 오펜하이머는 목표 주가를 450달러로 상향 조정하며 '아웃퍼폼(outperform: 해당 주식이 시장 평균 수익률 또는 동종 업종의 평균 수익률보다 더 나은 성과를 낼 것으로 예상된다는 평가)' 등급을 부여했고, 이는 크라우드스트라이크의 성장 가능성에 대한 기대를 반영한다.

참고문헌

Associated Press(2024.11.10). Delta sues cybersecurity firm CrowdStrike over tech outage that canceled flights, https://apnews.com/article/43bb230d2edf235bb9f7928c4279fec2

CrowdStrike(2025.3.5). CrowdStrike named Optiv 2024 Partner of the Year, https://www.crowdstrike.com/en-us/press-releases/crowdstrike-named-optiv-2024-partner-of-the-year/

Folorunso, A., et al.(2024). Impact of AI on cybersecurity and security compliance. *Global Journal of Engineering and Technology Advances, 21*(01), pp.167-184.

Homaei, M., et al.(2024). A review of digital twins and their application in cybersecurity based on artificial intelligence. *Artificial Intelligence Review, 57*(8), pp.201-211.

Invoke Insights(2021.6.15). The creation of Darktrace, https://www.invoke-insights.com/read/the-creation-of-darktrace

MIT Technology Review(2023.10.10). Darktrace: The battle of algorithms-uncovering offensive AI,

https://event.technologyreview.com/offensive-ai
Pickard J. & O'Dwyer, M.(2024.10.11). Ex-Darktrace head Poppy Gustafsson named UK investment minister. Jim Pickard and Michael O'Dwyer. *Financial Times*, https://www.ft.com/content/a08b1b32-4bc9-44ce-b7af-b70dda0e187f
Saunders, T.(2025.1.20). UK's Darktrace turns 'more acquisitive' with Cado Security deal. *The Times*, https://www.thetimes.co.uk/article/uks-darktrace-turns-more-acquisitive-with-cado-security-deal-pbxs6hz8r

10
AI와 스타트업의 미래

우리가 상상한 질문에 대한 답, 우리가 만들어 가고 싶은 미래를 만드는 혁신의 개척자들에게 전한다.

종교와 AI?

스타트업이라는 혁신의 경로

이 책은 AI라는 파도를 만나 빠르게 변화하고 있는 세상을 '스타트업 신(startup scene)'이라는 렌즈를 통해 기술이 문제를 어떻게 새롭게 정의하고, 혁신이 실제로 어떻게 작동하는지를 추적하는 여정이다. 이를 위해 다양한 산업의 스타트업 사례를 종합적으로 분석하면서, 기술이 어떻게 현실의 문제를 새롭게 바라보게 만들고, 창업자들은 그 기술을 어떤 방식으로 적용해 사회적 · 경제적 변화를 이끌어 냈는지를 설명하고자 했다. 각 사례는 서로 다른 기술과 환경에서 출발했지만, 하나의 공통된 메시지를 전한다. 그것은 바로 '혁신은 기술에서 시작되지 않고, 질문에서 출발한다'는 사실이다. 창업자들은 누구도 묻지 않았던 질문을 던졌고, 그 질문은 작고 개인적인 경험에서 시작해 산업 구조를 재설계하는 시도로 이어졌다. 문제를 새롭게 정의하고, 그 위에 전략과 기술을 정교하게 얹는 방식, 그것이 AI 스타트업이 선택한 혁신의 경로였다.

AI는 이 여정에서 단순한 도구가 아니라 강력한 촉진제로 작용한다. AI는 문제 해결을 위한 수단일 뿐만 아니라 문제의 본질 자체를 다시 정의하고, 실행의 가능성을 확장하며, 상상력의 지평을 넓히는 힘을 지닌다. 기술의 발전은 스타트업에게 새로운 가능성을 열어 준다. 특히 자본이나 인력이 제한된 소규모 조직이라 하더라도, AI를 활용함으로써 더 넓은 시장을 겨냥할 수 있으며, 기존에는 진입이 불가능했던 산업 내 틈새를 공략할 수 있게 된다. 복잡하고 고도화된 문제를 효율적으로 해결하며, 빠르게 변화하는 시장의 요구에 유연하게 대응할 수 있는 민첩성은 AI와 결합할 때 극대화된다. 기술만으로는 충분하지 않지만, 올바른 질문과 결합될 때 AI는 스타트업이 기존 질서를 넘어서는 혁신적 해법을 제시할 수 있는 기반이 된다.

이 책에서 다룬 사례들은 이런 흐름을 생생하게 보여 준다. 제조업에서는 랜딩AI가 적은 데이터로도 고정밀 품질 검사를 가능하게 하며 중소 제조업의 AI 도입 장벽을 낮추었고, 코베리언트는 로봇이 정형화된 환경을 넘어 유연한 학습과 적응을 통해 작업 효율을 높일 수 있음을 입증했다. 의료 분야에서는 루닛이 영상 판독의 정확도와 속도를 획기적으로 개선하며 암 진단의 정확도를 높였고, 인실리코 메디슨은 AI를 기반으로 한 신약 설계를 통해 전통적인 제약 개발의 시간과 비용을 크게 줄였다. 금융에서는 업스타트가 기존 신용 평가 모델의 한계를 극복하며 금융 소외 계층의 접근성을 개선했고, 문화 산업에서는 수노와 런웨이 같은 스타트업이 콘텐츠 생성 도구를 민주화함으로써 창작의 주체를 확장하고 있다. 보안 분야에서는 크라우드스트라이크와 다크트레이스가 단순한 침해 대응을 넘어 사전 탐지와 자율 방어 체계를 정립하며, 보안의 개념 자체를 재정의하고 있다.

이런 사례가 보여 주는 바는 단순히 기술의 효과가 아니라 기술이 산업과 사회를 바라보는 방식 자체를 어떻게 바꾸고 있는가에 대한 통찰이다. 첫째, AI 스타트업의 경쟁력은 기술 그 자체보다 문제 정의의 방식에 있다. 진정한 경쟁력은 기술이 아니라 문제를 어떻게 보고 어디에 집중할지를 선택하는 능력에서 나온다. 둘째, 성공적인 AI 스타트업은 특정 산업의 작동 원리와 맥락을 깊이 이해하고 있었다. 기술은 이 이해를 실현하기 위한 수단이었을 뿐이다. 셋째, 이들은 기술을 통해 새로운 시장을 창출했을 뿐만 아니라 기존 산업의 비효율과 불균형을 해소하며 더 나은 질서를 제안했다. 결국 AI는 효율의 언어로 작동하지만, 그 궁극적 목적은 인간의 삶과 산업 구조를 다시 설계하는 데 있다.

각 산업의 사례가 단순히 기술을 잘 활용했다는 차원을 넘어, 문제를 새롭게 바라보고 해석하는 통찰의 결과물이라는 점에 주목하기 바란다. 기술은 그 해석을 구현하기 위한 도구였으며, 그 해석의 정교함이 결과의 깊이를 결정짓는다. 이 책에서 소개한 AI 스타트업들은 기술이 산업의 작동 원리를 어떻게 바꾸고 있으며, 창업자가 어떤 질문으로 변화를 이끌고 있는지를 보여 주는 살아 있는 증거다.

맺으며

결론적으로, 다가오는 시대를 기술 중심으로 해석하는 것은 위험한 단순화일 수 있다. 기술이 모든 것을 주도한다는 관점은, 궁극적인 변화의 원천이 인간의 인식과 판단, 그리고 실천이라는 본질을 흐릴 수 있다. 혁신의 핵심은 기술 그 자체가 아니라 어떤 문제를 정의하고 이를 어떤 방식으로 해결할 것인가에 있다. 의미 있는 문제를 포착하고 이를 해결하기 위한 여정을 설계하는 주체는 사람이며, 특히 스타트업은 그 최전선에 존재한다. 이들은 기존의 관습과 구조를 의심하고, 누구도 주목하지 않았던 문제를 발굴하며, 새로운 접근을 통해 산업의 틀을 다시 짜는 역할을 수행한다. AI는 이 과정에서 강력한 도구이자 파트너로 기능한다. 단지 작업을 자동화하거나 효율을 높이는 수준을 넘어 문제의 정의 방식과 해결 전략에까지 영향을 미치며, 상상력의 경계를 확장한다.

이 책은 AI라는 신기술이 등장한 이후, 스타트업이 기술을 단순히 수용하는 것을 넘어서 어떻게 산업과 비즈니스 생태계를 재구성했는지를 조망하고자 한다. 기술은 수단일 뿐이며, 그 수단을 어떤 문제의식과 전략적 사고와 결합하느냐에 따라 전혀 다른 결과를 만들어 낸다. 따라서 이 책은 현재의 기술 흐름과 산업의 본질을 통찰할 수 있는 시각을 독자에게 제공하고자 하며, 창업자에게는 복잡하고 불확실한 환경 속에서 스스로의 방향성을 설정할 수 있는 실질적인 나침반이 될 수 있기를 바란다.

참고문헌

Hyun, E. J. & Kim, B. T. S.(2024). Overcoming uncertainty in novel technologies: the role of venture capital syndication networks in artificial intelligence (AI) startup investments in Korea and Japan. *Systems, 12*(3), p.72.

Martins, M. M. R.(2024). Startup guide to AI: Integrating technology for business success. *International Journal of Scientific Research and Management(IJSRM), 12*(06), pp.1264-1274.

Raneri, S., et al.(2023). Predictions through lean startup? Harnessing AI-based predictions under uncertainty. *International Journal of Entrepreneurial Behavior & Research, 29*(4), pp.886-912.

김주희

동덕여자대학교 문화지식융합대학 교수다. 디지털 경제와 혁신, 문화예술 분야를 포함한 다양한 영역의 주제를 융합해 분석하는 연구자이자 혁신 탐험가다. 고려대학교 경영학과에서 기업가정신 분야의 논문으로 박사학위를 받았다. 아산기업가정신 리뷰 집필진, 창업진흥원 유니콘 육성사업 운영위원, 한국박물관포럼 다양성위원회 위원으로 활동 중이다. 전략경영학회, 중소기업학회, 벤처창업학회에서 최우수 논문 및 우수논문상을 수상했으며, 저서로 『성공하는 스타트업을 위한 101가지 비즈니스 모델 이야기』, 『디지털 파워 2023』, 『리디파이닝』이 있다.